MEDITAÇÃO

Aprenda A Como Meditar Para Paz Interior E Felicidade

(Guia para Iniciantes no Uso da Técnica de Meditação Diária)

Piotr Dudek

Traduzido por Daniel Heath

Piotr Dudek

Meditação: Aprenda A Como Meditar Para Paz Interior E Felicidade (Guia para Iniciantes no Uso da Técnica de Meditação Diária)

ISBN 978-1-989837-51-1

Termos e Condições

De modo nenhum é permitido reproduzir, duplicar ou até mesmo transmitir qualquer parte deste documento em meios eletrônicos ou impressos. A gravação desta publicação é estritamente proibida e qualquer armazenamento deste documento não é permitido, a menos que haja permissão por escrito do editor. Todos os direitos são reservados.

As informações fornecidas neste documento são declaradas verdadeiras e consistentes, na medida em que qualquer responsabilidade, em termos de desatenção ou de outra forma, por qualquer uso ou abuso de quaisquer políticas, processos ou instruções contidas, é de responsabilidade exclusiva e pessoal do leitor destinatário. Sob nenhuma circunstância qualquer, responsabilidade legal ou culpa será imposta ao editor por qualquer reparação, dano ou perda monetária devida às informações aqui contidas, direta ou indiretamente. Os respectivos autores são proprietários de todos os direitos autorais não detidos pelo editor.

Aviso Legal:

Este livro é protegido por direitos autorais. Ele é designado exclusivamente para uso pessoal. Você não pode alterar, distribuir, vender, usar, citar ou parafrasear qualquer parte ou o conteúdo deste ebook sem o consentimento do autor ou proprietário dos direitos autorais. Ações legais poderão ser tomadas caso isso seja violado.

Termos de Responsabilidade:

Observe também que as informações contidas neste documento são apenas para fins educacionais e de entretenimento. Todo esforço foi feito para fornecer informações completas precisas, atualizadas e confiáveis. Nenhuma garantia de qualquer tipo é expressa ou mesmo implícita. Os leitores reconhecem que o autor não está envolvido na prestação de aconselhamento jurídico, financeiro, médico ou profissional.

Ao ler este documento, o leitor concorda que sob nenhuma circunstância somos responsáveis por quaisquer perdas, diretas ou indiretas, que venham a ocorrer como resultado do uso de informações contidas neste documento, incluindo, mas não limitado a, erros, omissões, ou imprecisões.

Índice

Parte 1 1

Introdução 2

Capítulo Um... 20

O Que É A Meditação? E Outras Perguntas 20

MEDITAÇÃO 101 20
PERGUNTA: O QUE É A MEDITAÇÃO? 25
PERGUNTA: QUAIS SÃO AS RAÍZES E A ORIGEM DA MEDITAÇÃO? 26
PERGUNTA: QUAL É O PRINCIPAL PROPÓSITO DA MEDITAÇÃO? 28
PERGUNTA: QUEM PODE PRATICAR? 29
PERGUNTA: COMO O ESTRESSE SURGE? 31
PERGUNTA: A MEDITAÇÃO É DIFÍCIL DE SE PRATICAR? 33
PERGUNTA: CONSOME MUITO TEMPO? 34
PERGUNTA: PRECISAREI RECORRER A CONTORÇÕES? 36
PERGUNTA: ISSO REALMENTE FUNCIONA? 37
PERGUNTA: A IDADE TEM IMPORTÂNCIA? 38

Capítulo Dois 42

Meditação Em Geral 42

Como A Meditação Pode Mudar A Sua Vida 43

Como Meditar 47

Meditando: Respirar E Observar A Respiração................... 47

A FORMA CORRETA DE MEDITAR 47
EFEITOS DA MEDITAÇÃO 49
O PORQUÊ VOCÊ PRECISA MEDITAR 53
MEDITAÇÃO RELAXA O CORPO E A MENTE 56
A CURA MARAVILHOSA DA MEDITAÇÃO 61
BENEFÍCIOS DA MEDITAÇÃO 63
MEDITAÇÃO MELHORA A ATIVIDADES CEREBRAL 65
PROCESSO DE PENSAMENTO POSITIVO 66

Capítulo Três 70

Benefícios Da Meditação 70

BENEFÍCIOS FÍSICOS DA MEDITAÇÃO 70
PRESSÃO SANGUÍNEA. 70
ARTICULAÇÕES 72
IMUNIDADE 73
NÍVEIS DE ENERGIA 75
DOR E DOR LOCALIZADA 75
REJUVENECIMENTO 76
BENEFÍCIOS MENTAIS DA MEDITAÇÃO 77
TENÇÕES PODEM SER REDUZIDAS 77
PREVENINDO A ANSIEDADE 79
ESTÍMULO DO OTIMISMO 80
ESTABILIDADE EMOCIONAL 81
A INTELIGENCIA PODE SER MELHORADA 83
O PODER DA MENTE SUBCONSCIENTE 85

Capítulo Quatro 88

Tipos De Meditação 88

MEDITAÇÃO TRADICIONAL 89
COMO PRATICAR 90
OS BENEFÍCIOS DA MEDITAÇÃO TRADICIONAL 93
MEDITAÇÃO RESPIRATÓRIA 94
OS BENEFÍCIOS DA MEDITAÇÃO RESPIRATÓRIA 97
MEDITAÇÃO DO RITMO CARDÍACO 99
COMO PRATICAR ESSE TIPO DE MEDITAÇÃO 100
COMO A MEDITAÇÃO DO RITMO CARDÍACO PODE SER ÚTIL 100
MEDITAÇÃO DA KUNDALINI OU MEDITAÇÃO DA YOGA SAHAJA 101
OS BENEFÍCIOS DESSE TIPO DE MEDITAÇÃO 102
MEDITAÇÃO ANDANDO 103
OS BENEFÍCIOS DE MEDITAR ANDANDO 105
O VALOR DESSE TIPO DE MEDITAÇÃO 107
OS BENEFÍCIOS DA MEDITAÇÃO DO TRANSE 109
BENEFÍCIOS DESSE TIPO DE MEDITAÇÃO 111
OS BENEFÍCIOS DESSE TIPO DE MEDITAÇÃO 113

Capítulo Cinco 115

Precauções Importantes.. 115

AS REGRAS CORRETAS DA MEDITAÇÃO 116
AJUDAS EM GERAL QUE AS SESSÕES DE MEDITAÇÃO DÃO A VOCÊ 120
CONTAR AS RESPIRAÇÕES NÃO É COMO CONTAR OVELHAS 122
MEDITAÇÃO PARA PESSOAS EM MOVIMENTO 128

Capítulo Seis 132

Expectativas E Exercícios 132

EXERCÍCIOS DE AQUECIMENTO PARA MEDITAÇÃO 135
UM EXERCÍCIO DE CABEÇA E PESCOÇO 137

Conclusão 140

Parte 2 142

Introducción 143

Capítulo 1: Medite, No Medique 148

Capítulo 2: Libere Su Mente Y Enfóquese 156

Capítulo 3: El Entorno Lo Es Todo 164

Capítulo 4: Libérese Y Sólo Respire 176

Capítulo 5: Meditación Transcendental 182

Capítulo 6: Las Diferentes Formas De Meditación 191

Conclusión 195

Parte 1

INTRODUÇÃO

Com a vida tão agitada dos dias atuais, não é de admirar que as pessoas estejam procurando formas de relaxar. Estresse é um estado da mente que muitos estão sofrendo devido aos estilos de vidas não saudáveis e ao ritmo acelerado de nossas vidas. Os problemas relacionados ao estresse são mais profundos do que um simples desequilíbrio mental e sentimento de nervosismo. Estresse pode causar umaprolongada condição mentale se manifestar fisicamente na forma de distúrbios físicos. Os primeiros distúrbios que se manifestam são ansiedade e problemas cardíacos. Pessoas estressadas também podem ter problemas sérios em outros aspectos de sua saúde física como problemas de pressão arterial e instabilidade mental. Você precisa estar ciente que o estresse pode levar a sérias doenças como problemas cardiovasculares e a um início de câncer. Portanto, isso tem um sério impacto nas vidas de hoje, no amanhã e no futuro próximo. Ao invés de deixar o estresse tomar conta, as pessoas estão percebendo a necessidade de um relaxamento e elas estão buscando-o de diferentes formas.

Levar uma vida agitada e sem descanso pode te levar a desenvolver depressão, insônia e outros problemas psicológicos. Mesmo que isso comece com um problema pequeno, ele pode se desenvolver lentamente e virar um grande e insuportável problema.Você perceberá que o seu corpo ficará fraco junto com o seu sistema imunológico e autoestima. Seu corpo perderá a capacidade de combater vírus comuns como os de um simples resfriado, enxaquecas e doenças semelhantes. Por isso os psicólogos acreditam que o estresse é a porta de entrada para várias doenças. É importante compreender e ter em mente que mesmo que boa parte de nossa vida esteja fora do nosso controle, mas que também há coisa que nós podemos controlar como nossas ações e nosso destino.

Existem muitas alternativas disponíveis para osque desejam tomar o controle de suas vidas e isso é fundamental. Estresse pode levar a problemas de pressão arterial que por sua vez pode levar à perigosas condições de saúde e este é o momento de reavaliar o seu estilo de vida para ver se o seu nível de estresse é normal ou se pode melhorá-lo com a meditação. Muitos dispensam a meditação dizendo que é uma coisa difícil de fazer ou que isso é uma coisa boba. No entanto, isso é mais fácil do que você pode imaginar.

Mesmo que tenhamos diferentes métodos de relaxamento nos dias de hoje como yoga, acupuntura, massagem e mudança no estilo de vida; a meditação é uma coisa que você pode incluir nos seus hábitos atuais para transformá-los em um meio viável de viver. Este livro foi escrito commuita dedicação para apresentar as diferentes formas de meditação aos não praticantes, então cada indivíduo pode escolher o método que mais se adequa à sua personalidade e estilo de vida.

Meditação é uma forma de relaxamento que tem sido praticada por milhares de anos. É usada, principalmente, para o tratamento de ansiedade, mas também pode ser usada para propósitos espirituais. Neste livro, você terá a oportunidade de ler sobre várias formas pelas quais a meditação pode beneficiar a sua saúde. Nós mostraremos o conceito geral da meditação no capítulo 2 e vamos desmembrá-lo nos capítulos subsequentes. Você se surpreenderá com a quantidade de diferentes tipos de meditação que existem e uma dessas opções inevitavelmente será conveniente para você.

Nós também analisamos diferente tipos de meditação de um ponto de vista prático para que você possa ver qual é o melhor para te ajudar a alcançar a paz mental e a capacidade de relaxar. Você pode pensar que meditação é coisa deamantes da natureza, mas você não poderia estar mais longe da verdade. Isso é um sistema que ajuda as pessoas a ficarem mais centradas, felizes e mais produtivas nos trabalhosmais importantes que elas têm. Isso não é uma mania ou algo feito apenas por pessoas com muito tempo livre. Isso ajuda igualmente a todos que estão dispostos a praticá-la. Enquanto ajuda a tratar e prevenir várias doenças.

O principal objetivo deste livro será te prover um guia de meditação e ajudá-lo a entender os princípios dessa prática. Você pode acabar aprendendo técnicas que nunca tinha ouvido everá que elas podem ser adequadas para incorporar a sua vida e transformá-la em um local mais satisfatório de estar.

UMA GRANDE ALTERNATIVA PARA A TERAPIA COM REMÉDIOS

Muitas pessoas descobriram que a meditação pode reduzir bastante a quantidade de medicamentos que elas tomam diariamente e, a longo prazo, ela pode substituir os medicamentos que você toma. Estudos apontaramque a meditação tem mostrado avanços significativos em sua capacidade de tratar doenças que até então eram tratadas com medicamentos. Muitos médicos estão recomendando a meditação antes de começar a medicaçãoe isso mostra o quão poderosa a meditação pode ser.

A meditação é especialmente poderosa

para tratar problemas cardíacos, problemas com pressão arterial, ansiedade, depressão e muitos outros distúrbios psicológicos.

O QUE É RELAXAMENTO?

Usando uma terminologia comum, relaxamento significa se livrar da tensão. Uma mente relaxada significa que nossa mente está ativa esem estresse. Nos dias atuais, isso parece difícil. Não é mesmo?

Atualmente, muitos acreditam que estão estressados na maior parte da semana e que podem relaxar apenas nos fins de semana. Isso é considerado um jeito normal de viver. Esse é o jeito correto de viver? Não é nosso direito ter uma vida relaxada o tempo todo? Vamos recuperá-la.

ESTRESSE RUIM

Se você perguntar àspessoaso motivo delas estarem estressadas na maior parte da semana, quais respostas você espera ouvir? "Eu tenho muito trabalho para fazer, prazos a cumprir, tarefas para completar, preparação para o lançamento de um produto novo"etc. Você concorda

com essas respostas?
Vamos discutir o porquê de nós estarmos estressados a todo momento. Em um dado momento de nossas vidas, nós perdemos o hábito de sentare refletir,enquanto nós estamos correndo atrás de nossos sonhos. Nós reagimos de forma automática. Se nós estivermos parados em um congestionamento, nossareação é se preocupar com o trabalho, culpar o sistema e ter outros pensamentos negativos. Poucos de nós pensam "Muito bem,se o trânsito não está avançando, vou apenas relaxar e ouvir uma boa música, relembrar momentos da infância, lembrar dos bons amigos e aproveitar esse tempo para relaxar e aproveitar a vida". Poucos de nós reagimos assim. Nós agimos de forma estressada sempre que passamos por qualquer situação similar. Esse hábito custa muito caro e prejudica a qualidade de nossas vias.

O QUE É A MEDITAÇÃO?
Meditação é uma arte e ao mesmo tempo uma ciência. Meditação na realidade é um treinamento para o cérebro e com ela é

possível manter pensamentos positivos e banir os negativos.

O ato de meditar não se resume a apenas uma tarefa. É um grupo de exercícios de treinamento focados na mente. A meditação pode melhorar a saúde física e mental. Muitas das técnicas envolvidas na meditação são fáceis de aprender e você pode aprendê-las nos livros, artigos ou até mesmo com guias de especialistas.

A maioria das técnicas de meditação envolvem os seguintes componentes:

- Sentar-se ou se deitar em uma posição relaxante.
- Respiração profunda —você inspira profundamente para absolver o oxigênio necessário para relaxar os seus músculos e expira até os seus pulmões ficarem completamente vazios.
- Parar de pensar nos problemas e situações do diaadia. Limpar a mente completamente.
- Concentrar o seu pensamento em um som, palavra, imagem ou em um

sentimento. Você deve colocar toda a sua atenção nesse único ponto.
- Quando pensamentosindesejáveispassarem por sua mente, exale o ar e volte a sua atenção para o objetivo da meditação. O objetivo é não perder o foco daquilo que você está se concentrando.

Existem diferentes técnicas de meditação para usar de acordo com o nível de concentração e com o modo que você lida com os pensamentos inoportunos. Em qualquer um dos casos, o objetivo é se concentrar tão profundamente em algo específico que nenhum pensamento possa ocorrer. Quando os pensamentos inoportunos vêmà mente, você deve impedi-los e voltar a se concentrar. Depois que tiver prática o suficiente, você será capaz de evitar que esses pensamentos venham à sua mente.

Outras técnicas são feitas de tal forma que os pensamentos adquirem a capacidade de surgir. Quando esses pensamentos se desenvolvem, a pessoa deve parar e voltar para a meditação pura. em um estado de relaxamento. Os pensamentos que surgem normalmente são coisas esquecidas, suprimidas ou escondidas. Muitas vezes, a meditação permite redescobrir coisas escondidas de si mesmo. O ato de redescoberta terá efeitos psicoterapêuticos.

Se você teve uma experiência traumática, a meditação pode te ajudar a superar esse evento do passado, pois permite que você controle os pensamentos e redefina o evento traumático na sua mente. O propósito disso é retomar o controle de seu passado para que o presente fique positivo por natureza. A vidapode mudar para melhor, à medida que você se tornar capaz de controlar os seus pensamentos de uma maneira positiva.

OS EFEITOS DA MEDITAÇÃO

A meditação tem os seguintes efeitos:
1. A meditação te dará descanso e lazer.
2. Aprenderá a relaxar.
3. Aprenderá a se concentrar melhor na solução dos problemas.

4. A meditação frequentemente tem bons efeitos na pressão arterial.
5. A meditação tem efeitos benéficos nos processos do organismo como circulação, respiração e digestão.
6. Meditar regularmente terá um efeito psicoterapêutico.
7. Meditar regularmente melhorará o sistema imunológico.
8. A meditação normalmente é prazerosa.

A DIFERENÇA ENTRE HIPNOSE E MEDITAÇÃO

A hipnose pode ter os mesmos efeitos psicoterapêuticos que a meditação. No entanto, na meditação você tem o controle sob si mesmo; na hipnose você deixa alguém ou algum dispositivo mecânico controlar você. A hipnose também não terá o mesmo que efeito de treinamento da sua capacidade de se concentrar.

A hipnose permite que alguém controle o seu subconsciente; isso significa que vocênão controlará os eventos que acontecerão na sua cabeça durante a hipnose. Isso pode ser extremamente perigoso, principalmente se o hipnólogo não tiver experiência o suficiente para entrar com eficiência no seu subconscienteou seguir a ética estabelecida na hipnose.

Se você quer ficar calmo e ter uma vida serena, permitir que alguém manipule o seu subconsciente não é uma maneira positiva deusar. Se você quer controlar o seu subconsciente o tempo todo, a meditação te proporcionará isso.

FORMA SIMPLES DE MEDITAÇÃO

Aqui está uma forma simples de meditar:

1. Sente-se em de maneira confortável em uma boa cadeira.
2. Relaxe os músculos o melhor que puder.
3. Pare de pensar sobre as coisas ou tente não pensar em nada.
4. Expire, relaxando todos músculos da respiração.
5. Repita o seguinte processo em um período de 10 a 20 minutos:

Respire profundamente até que você sinta que absorveu oxigênio suficiente. Depoisexpire, relaxando o seu peito e diafragma. Toda vez que você expirar, pense na palavra "um" ou outra palavra simples de sua preferência. Você deve pensar nessa palavra por um bom tempo e você começará a ouvi-la dentro de você, mas você deve evitar usar a sua boca ou voz.

6. Se aparecer algum pensamento, apenas relaxe e o interrompa. Depois continue se concentrando na respiração e na palavra que você está repetindo.

Ao longoda meditação, você sentirá um relaxamento constante na sua mente e corpo. Você sentirá que a respiração estável é mais eficiente e que a circulação do sangue também está mais eficiente. Você também poderá sentir um prazer mental durante a meditação. Você se sentirá completamente relaxado e em paz com a situação atual, não importa qual seja.

O EFEITO DA MEDITAÇÃO NAS DOENÇAS

Assim como em qualquer treinamento, também pode ocorrer excessos na meditação e você se sentirá cansado e esgotado.Portanto você não deve meditar por um tempo muito prolongadoou se concentrar tanto a ponto de se sentir cansado e mentalmente vazio.

A meditação pode também causar problemas para pessoas com distúrbios mentais, epilepsia, problema graves no coração ou problemas neurológicos. Por outro lado, a meditação pode ajudar no tratamento dessas e outras doenças.

Você pode querer consultar o seu médico primeiro para confirmar se é seguro praticar a meditação. Isso é especialmente importante se você tiver algum tipo de doença que afete a sua respiração, estado mental ou a sua capacidade de permanecer acordado.

Algumas doenças, principalmente as que causam fadiga, podem piorar com a meditação. Seu médico irá te dizer se é seguro para você meditar regularmente ou dirá o tempo ideal que você deve meditar para evitar exaustão.

A MEDITAÇÃO É UM EXERCÍCIO ESPIRITUAL

Segundo os budistas, uma pessoa pode alcançar o "Nirvana" ou o mais alto estado de iluminação através da meditação contínua e da prática dos hábitos budistas além de outras coisas. Ao longo do tempo, muitas pessoas têm se beneficiado com a prática da meditação.

A meditação, conforme adotada pelos monges budistase praticantes, se tornou uma ferramenta espiritual e uma potenciadora da saúde. Isso é mais do que apenas cânticos e posturas meditativas. A meditação é sobre respirar corretamente e concentrar os seus pensamentos. Como uma prática saudável e espiritual, a meditação veio ao leste séculos atrás onde a vida e cultura das pessoas precisavam de uma "fuga" da realidade.

Como podemos saber se nós já estamos no estado meditativo ou se estamos apenas sentados de olhos fechados e perdendo tempo?Meditação é um estado mental que traz paz interior, autorrealização, autoaperfeiçoamentoe desenvolve uma visão positiva da vida. Existem dois tipos de meditação; concentrativa e de consciência plena. Aconcentrativaé mais sobre a concentração do que se sentar quieto e calmo com um ritmo de respiração. É dito que a mente é um pouco conectada com a respiração. Um ritmo contínuo de inspiração e expiração fará a pessoa se sentir mais calma e relaxada, focando-se no fluxo constante de saída e entrada de ar de seus corpos. Isso resultará em uma mente mais consciente etranquila ao mesmo tempo. A meditação de consciência plena, por outro lado, envolve atenção e consciência em ondas de sensações, imagens, sentimentos, pensamentos, sons e aromas. Muito mais do que o seu corpo pode interagir. Esta, por sua vez, proporcionará um estado mental passivo. Muito parecido com olhar para uma televisão sem qualquer sentimento ou pensamentos que possam incomodá-lo.

Meditação e relaxamento frequentemente andam de mãos dadas. Estudos científicos provaram os benefícios para a saúde desse tipode atividade.Um estado de relaxamento mental,que também é considerado como um estado alfa, é um nível de consciência que promove cura. Relaxamento é altamente recomendado, pois as pessoas estão sempre pensando e se movendo.Ficar relaxado também relaxa o corpo e a mente que por sua vez aumentará o nosso bem-estar.

Ao conhecer tudo isso, uma pessoa pode ver a conexão dos fatores científicos e religiosos graças à meditação. De fato, essa atividade mostra uma filosofia única que realmente podete ajudar. Ao praticar tal processo de relaxamento, a pessoa verá completamente a parte mais íntima de si mesma. Isso ajuda a pessoa a enxergar e a lidar com as dificuldades externas.De certa forma, a pessoa fica mais humilde e calma para lidar com essas situações.Esse estado de meditação permite que a pessoa se ajude a ficar mais saudável, isso pode aliviar uma simples dor de cabeça, o estresse ou mesmo uma leve ansiedade. Isso antigo, e nunca desaparecerá. Esse tipo de atividade faz aflorar a pessoa dentro de você. A meditação te dará uma sensação de calma de um jeito positivo. Não existem comprovações que isso possa ser danoso para você, então o que custa tentar?

CAPÍTULO UM

O QUE É A MEDITAÇÃO? E OUTRAS PERGUNTAS

"Sentimentos vêm e vão como nuvens num céu ventoso. Respiração consciente é a minha âncora."
ThichNhatHanh

MEDITAÇÃO 101

Meditação se refere a um estado onde o seu corpo e mente estão conscientemente relaxados e focados. Praticantes dessa arte têm reportado aumento de consciência, foco, concentração e uma perspectiva mais positiva da vida.

A meditação é frequentemente associada com monges, místicos e outros discípulos espirituais. No entanto, você não precisa ser um monge ou místico para desfrutar dos benefícios e certamente você não precisa estar em um lugar especial para praticar. Você pode até mesmo tentar no seu próprio quarto.

Mesmo que haja muitos tipos de meditação, os princípios são os mesmos.E o mais importante desses princípios é evitar obstáculos, negatividade, pensamentos e fantasias, assim você conseguirá acalmar a sua mente com uma intensa sensação de foco. Isso limpa a mente de detritos e a prepara para uma alta qualidade de atividade.

É dito que os pensamentos negativos que você tem para com os seus vizinhos barulhentos, colegas de escritório mandões, o bilhete de estacionamento que você pegou e os indesejados *spams*contribuem para a "poluição" da sua mente. Eliminá-los proporciona a "limpeza" da sua mente, assim você se focará melhor, e terá mais pensamentos significativos.

Alguns praticantes até mesmo desativam todos os cinco sentidos. Isso significa ausência de imagens, sonse nada para tatear assim eles podem se desprender do mundo ao seu redor. Agora você pode se focar nosintensos e profundos pensamentos se esse for o seu objetivo. Pode ser incômodo no começo, pois estamos acostumados a sempre ver ou ouvir as coisas. Mas conforme você continua com esse exercício, você perceberá que estará mais ciente de tudo ao seu redor.

Se você acharque as posições que você vê na televisão são intimidadoras; aquelas com curvaturas impossíveis da coluna e contorções que parecem dolorosas, você não tem que se preocupar! O importante aqui é estar em uma posição confortável e favorável para a concentração. Isso pode ser de pernas cruzadas, em pé, deitado ou até mesmo andando.

Se a posição te permite relaxar e focar, então ela será um bom ponto inicial. Enquanto você estiver sentado ou em pé, as costas devem estar eretas, mas não muito tensas ou duras. Nas demais posições, você só não pode cair no sono ou ficar desleixado.

Roupas soltas e confortáveis ajudam muito no processo de meditação, pois roupas justas tem a tendência a te apertare te deixar tenso.

O local que você realiza a meditação deve ter uma atmosfera calmante. Isso pode ser na sua sala, quarto ou qualquer outro lugar que você se sinta confortável. Você pode comprar um colchonete de exercícios se você pretende fazer as posições mais desafiadoras (se você se sente mais concentrado fazendo isso e seu lado contorcionista estiver gritando para sair). Você pode preferir um lugar organizado para acalmar os seus sentidos.

O silêncio ajuda a maioria das pessoas a relaxar e meditar, então você pode preferir áreas quietas e isoladas longe de telefones tocando ou do barulho da máquina de lavar. Aromas agradáveis também ajudam, então não é uma má ideia usar uma vela perfumada.

Os monges que você vê fazendo aqueles sons monótonos na televisão estão na realidade entoando mantras. Isso, em palavras mais simples, são simples crenças. Um som simples que possui um valor místico. Você não precisa se preocupar em reproduzir essas crenças; no entanto, vale a pena saber que se focar em ações repetidas como a respiraçãoou cantos ajuda o praticante a entrar em estados mais altos de consciência.

O principal aqui é o foco. Você pode tentar se focar em algo ou em algum pensamento, mesmo com os olhos abertos, focar em uma única imagem. Um exemplo de rotina seria, enquanto estiver no estado meditativo, silenciosamente nomear cada parte do seu corpo e focar a sua consciência nessas partes. Enquanto fizer isso, você estará livre de qualquer tensão em qualquer parte do seu corpo. Visualize mentalmente o alívio dessa tensão. Isso funciona muito bem. Também existem diversos CDs de meditação no mercado que foram cientificamente comprovados de serem capazes de alterar suas ondas celebrais de tal maneira que ajuda a alcançar a meditação profunda.Pesquise mais sobres esses CDs de meditação.

No geral, a meditação é uma prática relativamente livre de riscos e os seus benefícios valem todo o esforço (ou ausência esforço se lembrem que estamos relaxando).

Estudos têm mostrado que a meditação

tem efeitos psicologicamente positivos no seu corpo. Existe um crescente consenso na comunidade médica para aprofundar os efeitos dessa meditação. Comece agora a melhorar a sua saúde e bem-estar... Medite hoje!

PERGUNTA: O QUE É A MEDITAÇÃO?

R: A meditação é uma arte e uma ciência. Na realidade a meditação é um treinamento para o cérebro para que ele seja capaz de manter os pensamentos positivos e eliminar os negativos. É considerada uma ciência porque envolve alterar os padrões cerebrais e a razão para ser considerada uma arte é porque isso requer um grande grau de sincronização entre a mente, o corpo e a alma (ou mente subconsciente). Através de simples técnicas derespiração e de concentração de diferentes tipos, dependendo das técnicas de meditação utilizadas, o praticante é capaz de ajudar a mente e o corpo a se curarem, para alcançar o pensamento espiritual e abraçar a positividade e a humildade. Essas são todas as partes conscientes do processo de meditação.

Com a prática, uma pessoa pode relaxar e se desligar desse mundo ocupado. Enquanto os indivíduos têm seus próprios pensamentos e sentimentos, a meditação os desconecta e dá a eles algo para se focar. A concentração na respiração ou em algum outro estímulo é o que faz a meditação ser eficiente. A intenção da meditação é ajudar o indivíduo a ter a sensação de bem-estar que ele não sentiria sem esse processo. Por isso a meditação é muito importante para a sociedade atual.

PERGUNTA: QUAIS SÃO AS RAÍZES E A ORIGEM DA MEDITAÇÃO?

R: A origem da meditação pode ser traçada até a antiga Índia. Os monges na Índia dizem que tem extensivamente praticado a meditação para desenvolver uma conexão com deus. Depois a meditaçãocomeçou lentamente a se mover para o mundo ocidente,onde várias e várias pessoas começaram a perceber os benefícios que podem ser obtidos com essa prática. Isso também era praticado pelos monges budistas para se aproximarem do momento em que eles encontravam a si mesmos, bem como parater uma vida longa, humildade e uma melhor compreensão da natureza da vida. Os monges ainda praticam meditação nos dias de hoje e foi a própria meditação que trouxe a filosofia por trás da crença budista.

As escrituras indianas, que são conhecidas como "Tantras", comprovam que a meditação vem sendo usada a mais de 5000 anos. Com uma longa história de sucesso, é uma maravilha que as pessoas estejam procurando e descobrindo o que é a meditação. Comunidade e retiros do mundo todo oferecem às pessoas uma compreensão sobre a meditação, embora isso seja uma coisa que as pessoas podem fazer por conta própria ou até mesmo nas aulas de yoga.

Hoje em dia, milhares de pessoas de todo o mundo praticam a meditação para combater o estresse eter uma vida mais calma sejaela praticada em um eremitério ou em sua casa em um momento de silêncio.as raízes dessa grande forma de relaxamento se apoiam nas testemunhas de sua eficácia e em sua na capacidade de ajudar as pessoas a se aproximarem da natureza e ter mais com contato com suas crenças. Também é pensado que a meditação ajuda a mente a ser mais controlada conforme a mente e o corpo entram em harmonia por meio da meditação.

PERGUNTA: QUAL É O PRINCIPAL PROPÓSITO DA MEDITAÇÃO?

A: Ela tem vários benefícios, mas o principal propósito da meditação é ajudar as pessoas a superarem o estresse e a ansiedade. Uma vez que o estresse pode ser associado com angústias que causam doenças, portanto qualquer coisa que diminua esse estresse deve ser vista como algo positivo. Esse é o propósito da meditação. Se você tem uma vida que te causa perturbação mental e preocupações, então a meditação pode te ajudar a ficar mais focado. No entanto, vale ressaltar que muitas pessoas usam a meditação para se aproximar da verdade de suas vidas. A meditação budista faz isso, tirando a vida da necessidade mundana e aprendendo a respirar de uma maneira que permita a total aceitação de si mesmo. A meditação ajuda a reduzir o estresse e a ansiedade e lentamente permite que as pessoas ganhem controle sob suas mentes e começam a tomar decisões mais racionais. De fato, isso é tão bom que ajuda os praticantes a terem clareza e muitas pessoas de negócios usam a meditação para ajudar a aguçar suas habilidades de trabalho. A grande tendência nos dias de hoje é para ficarem mais conscientes e meditação de atenção, sendo o oposto da meditação tradicional, ajuda as pessoas a focarem naquilo que é realmente importante e soltar todas as coisas negativas que as tem segurado ou até mesmo lhes causado estresse.

PERGUNTA: QUEM PODE PRATICAR?

R: A meditação é destinada principalmente

para pessoas que estão com muito estresse em suas vidas, mas também pode ser usada para se aproximar mais de suas raízes ou de deus. Isso é para aquelas pessoas que acham difícil de lidar com o estresse e tensões do dia a dia e constantemente se encontram doentes por causa desses problemas. Esses problemas de saúde podem ser físicos ou mentais. Isso significa que eles podem prejudicar sua produtividade. Isso também pode afetar a capacidade de pensar da pessoa e reduzir a alegria que a pessoa pode ter em sua vida.

A meditação é ótima para as pessoas que desejam se tornar mais positivas. Também é adequado para as pessoas nunca tentaram praticar, pois ela tem muitas possibilidades. Se você não acha que está sofrendo com estresse, mas está ocupado, ela pode te beneficiar você também, porque isso ajuda as pessoas a dormirem bem e a permanecerem centradas. Esse equilíbrio dá ao corpo a chance de se curar durar o processo de sono. Se você acha que você não dorme o suficiente, você perceberá que a meditação pode te ajudar mesmo que você não veja a falta de sono como um problema, você deve saber que dormir é um processo através do qual o corpo tem a chance de se curar naturalmente. Portanto, sem ele, você não consegue usar todo o seu potencial.

PERGUNTA: COMO O ESTRESSE SURGE?

R: Existem diversos gatilhos para o estresse. Tensões diárias no trabalho, problemas familiares, pressões sociais, problemas psicológicos etc. São todos gatilhos para o estresse. Muitas pessoas se esquecem de respirar corretamente e elas podem desenvolver tensões que podem ser aliviadas através detécnicas de respiração corretas praticadas na meditação. Isso pode soar um pouco estranho, mas as pessoas estão tão ocupadas que elas necessitam de técnicas reforçadas de respiração correta.Se você já viu alguém em pânico respirando em um saco de papel, você entenderá a importância da respiração. O excesso de poluição nos pulmões ou a incapacidade de respirar corretamente podem contribuir para uma alta pressão arterial e o estresse que vem junto com isso. Portanto, respirar corretamente é o centro de uma boa saúde.

Problemas na infância também podem ter sua parte no desenvolvimento de estresseatravés de problemas de autoestima. Até mesmo o consumo de álcool é visto como um grande fator para uma pessoa desenvolver tensão e estresse. Tensão e estresse podem surgir de circunstâncias além doseu controle. Até mesmo o mais bem-sucedido homem de negócios coloca sua saúde em risco se priorizar o seu trabalho. A meditação pode ajudá-lo a ter foco e sucesso ao mesmo tempo. Pode dar também o descanso que ele precisa para trabalhar.

O estresse tem várias causas. A velocidade da vida, as expectativas dos outros eaté mesmo as próprias podem contribuir. Existem aqueles que estão estressados ou deprimidos simplesmente por questões de autoestima que têm suas raízes nas experiencias de vida desses indivíduos.

Não é fácil determinar a causa do estresse, mesmocom a Associação Americana de Depressão e Ansiedadedizendo que o EUA gasta mais de $43 bilhões de dólares por ano com tratamentos relacionados à ansiedade.Isso é um valor enorme e mostra a extensão de um problema em apenas um país. No mundo todo, esse número é multiplicado por muitas outras estatísticas, significando que o estresse é uma grande causa de doenças e do desgaste do corpo.

PERGUNTA: A MEDITAÇÃO É DIFÍCIL DE SE PRATICAR?

R: Não. A meditação é muito fácil de se praticar. Você apenas deve encontrar um lugar silencioso e ter tempo o suficiente para se concentrar em sua prática. As pessoas pensam que a meditação é difícil por causa das imagens de pessoas sentadas na posição de lótus que elas veem. Não é necessário sentar-se nessa posição para praticar meditação. O mais importante é que você esteja confortável e apto a relaxar durante a sessão de meditação. Sentar-se em uma cadeira é o suficiente para relaxar e praticar meditação, então não pense que essas posições complicadas são necessárias para alcançar a posição perfeita para a meditação. Também existem pessoas que preferem meditar na posição horizontal. Sim, isso mesmo, você pode se deitar para meditar se você preferir. Praticamente qualquer lugar que seja confortável funcionará para a meditação.

O processo correto da meditação será explicado no capítulo 4 e você aprenderá suas variações então você poderá escolher o sistema de meditação que você acredita ser mais adequado às suas habilidades e necessidades.

PERGUNTA: CONSOME MUITO TEMPO?

R: Não. Você pode estabelecer o seu próprio tempo para meditação. Mesmo que o padrão seja praticar no mínimo 15 minutos por dia, depende completamente de você definir o tempo. Existem formas de meditação que só levam alguns minutos.

Você pode praticar a meditaçãode 5 a 30 minutos por dia. Você também pode dividi-la em duas sessões. Por exemplo, 15 minutos de manhã e 15 minutos a noite. A meditação pode ser feita em qualquer lugar incluindo o seu escritório, desde que o lugar escolhido seja suficientemente calmo e que você não seja interrompido durante a prática.

Pode levar demorar mais para você sentir os efeitos se você fizer5 minutos por dia, mas definitivamente isso irá funcionare você perceberá o quão útil é a meditação. No parque, no horário de almoço, pode haver pessoas meditando e você nem perceberá. Devido à variedade de métodos de meditação queum homem sentado no banco do parque, no seu intervalo do almoço,pode se aproximar de si mesmo através da meditação consciente.

A parte mais importante da meditação é garantir que pode executá-la sem se desgastar. Não subestime o esforço mental que uma mente focada necessita. A ponto principal é meditar até se sentir revigorado e não exausto.

PERGUNTA: PRECISAREI RECORRER A CONTORÇÕES?

R: Não. Diferente dos exercícios de yoga, você não terá que contorcer o seu corpo ou ficar em qualquer posição desconfortável. Há pouco ou nenhum movimento envolvido na meditação. Você não precisa se exercitar de qualquer maneira física quando está meditando. Meditação é relaxamento, portanto tudo que você precisará fazer é sentar e exercitar a mente, mais do que o seu corpo. Você só precisará usar exercícios físicos se você estiver treinando yoga e a meditação fizer parte de sua rotina.

O esforço exigido durante a meditação é completamente mental. No entanto, se você exagerar na meditação, você poderá se sentir fisicamente exausto como resultado. A energia necessária para eliminar os pensamentos e manter a sua mente focado em uma coisa específica pode te desgastar com o tempo.

É importante é você estar confortavelmente sentado durante a meditação. A meditação é um exercício muito mais para a mente do que para qualquer outra parte do corpo.

É uma rotina de exercícios mentaisque não requer que você se mova. O único tipo de meditação que envolve movimento é aquela que é feita andando, embora ela seja usava por pessoas que acham que é um método mais fácil do que ficar parado em um só lugar e que isso não é adequado para todos. Pense na meditação como um relaxamento para vida. Isso é um exercício maior para mente do que para o corpo.

PERGUNTA: ISSO REALMENTE FUNCIONA?

R: Sim. Meditação é extremamente eficaz para ajudar a acabar com o estresse. Isso é, de fato, muito mais eficaz para acabar com tensão do que outras atividades como exercícios físicos. Treinar mentalmente o seu cérebro para manter o estresse fora pode te ajudar melhor do que apenas preveni-lo ouevitá-lo. o primeiro é mais pragmático do que o segundo. Isso funciona como um sistema para te ajudar a combater o estresse e pode até ajudar a eliminar a necessidade de tomar medicamentos muitos invasivos, embora você precise consultar o seu médico antes de parar com a medicação prescrita. O sentimento de bem-estar que você experenciará depois que tiver dominado a técnica de meditação irá te ajudar a superar os maus hábitos de uma vida inteira e ter muito mais paz em sua vida.

O nível de eficácia pode diferir de pessoa para pessoa, mas os efeitos serão visíveis em alguns dias após o início da rotina. Mesmo que leve mais tempo, os efeitos benéficos da meditação são bem estabelecidose o eventual sucesso que você experienciará será a mudança de vida.

A ciência provou que aqueles que praticam meditação regularmente têm a pressão arterial mais baixa do que aqueles que não praticam. Isso acontece porque eles podem evitar o sentimento de estresse, mesmo em situações estressantes.

PERGUNTA: A IDADE TEM IMPORTÂNCIA?

R: Sim e não. Mesmo que a meditação

possa ser feita por qualquer pessoa de qualquer idade, é melhor que um adulto supervisione a prática das crianças. E como a maioria das crianças não sentem estresse, elas podem não precisar tanto quanto os adultos. Ela pode ajudar os estudantes que estão passando por exames. E isso pode ajudar as crianças que se sentem estressadas e incapazes de relaxar, mesmo que orientaçãode um profissional seja a resposta caso haja qualquer problema de comunicação entre os filhos e os pais ou crianças e colegas. Isso proporciona às crianças uma chance de experimentar um espaço pessoal para relaxar.

Crianças que tem dificuldade de foco, como crianças com TDAH, tendem a se beneficiar mais com a meditação do que as crianças que não sofrem com distúrbios como esse. Estudo tem provado que crianças com TDAH se beneficiam muito com exercícios como a meditação. No entanto, você deve garantir que a sua criança entenda os conceitos de meditação antes de permitir que ela pratique os exercícios por conta própria.

No entanto, a meditação pode ser utilizada por estudantes que estão sentindo a pressão dos estudos e eles podem praticar a meditação com segurança. Eles se sentirão mais relaxados e serão capazes de se concentrar melhor nos seus estudos. Portanto, as universidades podem realizar cursos de meditação para os estudantes e isso seria muito recompensador, porque eles ajudam os estudantes a se sentirem menos pressionados e mais capazes, assim ajudando os jovens com seus estudos.

No que diz respeito à idade, não há limites nesse sentido. De fato, pessoas de todas as idades desfrutam muito dela. Pessoas idosas acham que as ajuda com os problemas físicos bem como os problema psicológicos porque isso dá a elas uma chance de exercitar corretamente o sistema respiratório e aproveitar as vantagens que o relaxamento proporciona a elas. Isso também ajuda os idosos a controlar a sua pressão arterial, que por sua vez pode ajudar seu estado geral de saúde. Ela é uma ferramenta importante para usar contra o processo de envelhecimento.

CAPÍTULO DOIS

MEDITAÇÃO EM GERAL

Meditaçãoé um dos remédios mais naturais conhecidos pelo homem. É um tempo que você pode tirar e permitir que o corpo se cure através da respiração profunda e da reoxigenação. Quanto mais oxigênio suas células e músculos recebem, melhor é a regeneração das células saudáveis. O seu corpo irá te agradecer imensamente e irá se curar muito mais rápido do que com a medicação tradicional.

É importante compreender que a meditação não substitui a medicina moderna, mas é uma assistente para o atual regime de medicação, pelo menos até o seu médico determinar que é seguro interromper o medicamento.

Avise o seu médico que você está praticando a meditação e quais são os seus objetivos. Eles irão monitorar a sua condição para determinar o momento seguro para reduzir a sua medicação e até mesmo interrompê-lase você obteve controle suficiente de sua pressão arterial e problemas cárdicos para parar com a sua medicação.

COMO A MEDITAÇÃO PODE MUDAR A SUA VIDA

É correto dizer que você está experenciando ansiedade em sua vida ou estresse por sua condição física, mental ou, em outras palavras, sua saúde? É verdadeiro o seu desejo de levar uma vida sem ansiedade e tensões? Você apenas quer ter uma vida com uma considerável quantidade de paz e harmonia?

A ansiedade é uma das piores desordens mentais que você pode sofrer. Parece que a condição engole toda a sua vida e envolve lentamente todo o seu ser. Você não consegue sair para lugares com muitas pessoas ou se sente sobrecarregado até mesmo com as pequenas falhas no seu dia. A meditação pode te ajudar a controlar sua ansiedade ou frustração que está associada com isso. O fato que existe um exercício que pode te ajudar a lidar com a ansiedade sem que você se sinta drogado ou lento e isso por si só é um alívio.

Você não precisa se estressar mais com fato que numerosos indivíduos têm passado por situações muito similares em suas vidas e, no entanto, é chocante que para elas a morte seria um alívio.

Você pode estar focado em trabalhar frequentemente por longos períodose isso representa uma tonelada de ansiedade para você. Você pode estar concentrado no fato de uma família que te obriga a passar um tempo com ela. No entanto isso é prejudicial ao seu trabalho. E mais você pode terdespesas com educação, despesas com médicos, obrigações a pagar e muitos outros débitos que você precisa pagar.

Quando você cai em tal circunstância, você estará concentrado mais no método mais eficiente para fazer as coisas funcionarem, você ainda precisará de mais tempo para si mesmo. No momento que você estiver deitadona cama, o seu coração começará a bater tão rápido por causa da ansiedade e o estado anormal de estresse. Isso irá acontecer devido ao fato de você estar estressado com os seus filhos, obrigações, saúde, casamento e a sua sanidade em geral.

Você terá um problema notável de saúde e se sentirá cansado o tempo inteiro.Você pode acabar tendo problemas nas costas. Você perceberá que se cansará e sentirá falta de ar até mesmo para subir escadas. Falando de forma geral, você sente como se tudo na sua vida estivesse quebrado.

Você se estressa com algumas coisas e pode não saber o fazer. Você pode escolher uma irà sua academia, numa tentativa de perder peso, comprar uma máquina de exercícios para fazer em casa e outros projetos para te ajudar a lidar com o seu tempo. As maiores frustações podem surgir quandovocê comparar os resultados depois de tentar todas as alternativas. Elas podem funcionar no primeiro dia, no entanto, você não conseguirá manter nenhuma delas por muito tempo. A melhores estratégias oferecem resultados que não duram muito. Porém,você precisa descobrir como mudar a sua vida.

Você tem um longo caminho a percorrer, contudo, você certamente será incapaz de comprar todos os livros e poderá sentir também que está se enganando ao ler tudo isso. Em qualquer um dos casos,à medida que você for lendo os livros, perceberá que a meditação é o melhor processo para conseguir resultados incríveis. A meditação será o momento definitivo de sua vida. Você não deve esperar resultados imediatos, pois esse processo exige muita energia e que só está sendo feito de vez em quando.

Mesmo passando pelo trabalho mais estressante que existe ou outros problemas presentes na sua vida, você se sentirá melhor e com mais energia ao meditar. Isso não irá ajudar resolver todos os problemas ao longo de sua vida, no entanto você não sentirá tanto estresse e ficará mais relaxado. Você também terá a capacidade de sefocar em diferentes coisas que te farão alcançar sua saúde física, espiritual e mental.

Você pode meditar em casa e seguirum plano de prática correto, por exemplo, yoga ouuma leve pausa para caminhar. Quando você combinaessas atividades com uma dieta saudável, você encontrará uma vida completamente transformada na qual você estará em paz com o mundo ao seu redor. Meditação é o processo que funcionará para você.

COMO MEDITAR

MEDITANDO: RESPIRAR E OBSERVAR A RESPIRAÇÃO

Tem sido provado que a meditação é uma grande redutora da ansiedade. Minimiza a depressão, diminui a irritabilidade, e melhora a criatividade e a capacidade de aprender. Você irá receber esses benefícios já no começo da prática. Existem benefícios maiores que irão aumentar a vitalidade, reduzir o envelhecimento, reduzir o estresse, reenergizar, aumentar o nível de oxigênioe reduzir a pressão arterial.

A FORMA CORRETA DE MEDITAR

Existem técnicas que mostram resultados instantâneos e uma delasé da seguinte forma: encontre uma cadeira que seja confortável, sente-se e, com os olhos fechados, tensione todo o seu corpo. Agora expire todo o ar como se fosse um suspiro e solte a tensão que você colocou em todo o seu corpo. Isso fará com que o seu corpo sinta onde estão todas as tensões e gentilmente relaxa-as. Isso ajudará o seu corpo a conseguir um intenso descanso.

Se o seu corpo ainda estiver com áreas tensas, repita o processo tendo certeza de que essas áreas ainda estão tensionadas. Se não funcionar nasegunda tentativa, repita o processo inúmeras vezes até se sentir completamente relaxado. Quanto mais você repetir isso,mais você se acostumara com essa técnica. Você deve sempre conseguir um tempo para a meditação porque ela é boa para você e se você nãoa repetir, você não conseguirá todos os efeitos que você querexperenciar.

Respirar pelo nariz é melhor do que pela boca porque o seu corpo recebe mais oxigênio. Isso acontece porque o diafragma trabalha mais. Você pode fazer um teste respirando pela boca. Você perceberá que a respiração pela boca é mais rasa. Quando você respirar pelo nariz, notará uma maior expansão do seu abdômen. Respirar pelo nariz fará com que o ar alcance as partes mais distantes dos seus pulmões permitindo algumas partes ou todo o seu corpo relaxe.

Mantenha um ciclo de respiração firme e constante. Foque no padrão de sua respiração conforme o ar entra e sai pelonariz. Tenha certeza de estar focado em sua respiraçãoe se você se distrair tente voltar o foco para a respiração. Isso te ajudará a meditar e relaxar dando resultados que são positivos. Quanto mais você fizer isso mais fácil ficará para focar e mais rapidamente a meditação ajudará a obter respostas positivas de seu corpo.

Você conseguiu realizar uma meditação com sucesso, sim é realmente muito simples!

EFEITOS DA MEDITAÇÃO

Nadécada de 1970, pesquisadores ocidentais começaram a estudar os impactos da meditaçãonas pessoas. Pelos estudos eles entenderam que o suor, ritmo cardíaco e outros sinais do corpo são menores em relação a uma pessoa comum. Richard Davidson, pesquisador da Universidade de BadgerState, tem observado os efeitos da meditação a longo tempo. Ele foi convidado pelo décimo quarta Dalai Lama no ano de 1992. Ele foi chamado para fazer uma representação dos cérebros dos monges budistas que são os primeiros meditadores do planeta. Depois ele se mudou para a Bharat levando geradores, laptop e ferramentas EEG e, em seguida, começou a trabalhar no projeto.Enquanto isso, nos dias modernos, os monges se mudaram para o seu laboratório para eles assistirem às imagens irritantes enquanto o EEG grava suas reações para ver as respostas do cérebro.

Qualquer tipo de movimento ajuda a criar novos caminhos e fortalece algumas regiões do cérebro. De acordo com Stephen Kosslynisso se encaixa em toda a literatura da neurociência. Vale ressaltar que quando você faz algo oito horas dia durante um quarto de um século,você cria algo inesperado que os indivíduos que não

fazem nada jamais conseguirão criar. Os monges foram capazes de criar três tipos de meditação que incorporam:
- Meditação onde você foca em um objeto específico por um tempo.
- Cultivação que consiste em pensar em circunstâncias que causam indignação e transformar o sentimento em algo positivo.
- Presença aberta que inclui estar ciente de todos os sentimentos, reflexões e impressões que estão presentes sem reagir a nenhum deles.

Ao compreender aquilo que estava na mente dos monges, Richard Dadidsonescolheu conhecer os impactos da medição em amadores. Ele fez umatese incluindo quarenta e um trabalhadores próximo a uma empresa de biotecnologia próxima ao rio Wisconsin. Vinte e cinco delas têm um leve sotaque que dá suporte à mente consciente que é a ausência se julgamento das presentes circunstâncias conforme ensinado por Jon KabatZinn.

Eles se interessaram por um retirode sete horas e aulas semanais. Por um período de dois meses, eles foram instruídos a refletir cuidadosamente por 60 minutos em cada aula. As estatísticas do cérebro foram feitas antes das instruções, dois e quatro meses após o retiro. As estatísticas demonstraram um aumento substancial do processo na conectada a baixos níveis de. Além disso, no final das oito semanas, os membros e dezesseis supervisores tomaram vacinados contra gripe para avaliar sua reação. Da mesma forma, especialistas fizeram exames de sangue de cada um deles todos os meses e dois meses após a infusão. Os resultados demonstraram que os indivíduos que meditaram tinham muito mais anticorpos contra o vírus da gripe do os que não meditaram. Isso demonstrou que a contemplação deixa o corpo mais estável com a capacidade de lutar contra organismos criadores de doenças.Com isso, considerando que você nunca tenha pesado em praticar meditação, é o momento ideal para começar e obter as vantagens.

O PORQUÊ VOCÊ PRECISA MEDITAR

Existem diversos efeitos colaterais na meditação e todos eles são positivos. Foram usados grupospara estudar os efeitos da meditação e aqueles a que a fazem regularmente reduzem oestresse, doenças e a necessidade de descanso,
O que motiva aqueles que meditam é o processo em si. A meditação é incrível e o resultado não é a melhor parte, mas sim meditação em si que é algo sublime. Durante a meditação você se enche contentamento e a consciências fica calma e isso não acontece apenas quando a meditação termina. Isso é um ciclo contínuo que você pode repetir a qualquer momento que precisar relaxar e quanto mais você fizer melhor se sentirá.

Nos dias de hoje nós constantemente sentimos estresse devido às nossas vidas diárias. O estresse é provocado pela poluição sonora, televisão, ódio, pessoas invejosas e discussões. A energia esclarecedora e o reservatório interno do poder de limpeza residem profundamente dentro de nós e podem ser aproveitados através da meditação. Isso pode ajudar a reverter os efeitos das enormes negatividades e angústias que nos oprimem diariamente.

No passado existia uma abundância de natureza tais como: árvores, córregos e outros recursos naturais. Existia também rotinas diárias e rituais que eram seguidas regularmente. Não havia tantas perturbações no universo como as vibrações dos sons artificias vindos dos telefones, máquinas e computadores. No geral, o estresse que existe nos complexos industriais não existia. As pessoas apreciavam o som da água, o suave som do vento, a beleza do céu e das estrelas. Eles desfrutavam os sons e aromas do planeta terra. A vida tinha um ritmo natural quando as pessoas plantavam sementes, as nutriam e observavam os ciclos da natureza. Eles sentiam uma conexão direta com a natureza. Hoje, tudo que colocamos em nossos corpos vem de fábricas. Nós nos divorciamos completamente da natureza e do nosso estilo de vida natural.

A meditação nos permite a voltar ao nosso ritmo e estética naturais através do fechamento do mundo não natural ao nosso redore livra nossos corpos do estresse artificial que se acumula em nossas vidas.

A melhor parte é que a meditação não custa absolutamente nada e não tem efeitos nocivos. Não adiciona calorias a sua dieta e nem produtos químicos adversos. Não é viciante e não tem os mesmos efeitos negativos que as drogas e o álcool, os quais as pessoas usam para se descontrair de seus dias. No entanto, tem sido provado que a meditação proporciona uma maior sensação de bem-estare os praticantes provaram que a meditação pode ser comparadaa um "êxtase" natural.

O corpo humano é uma máquina complexa e o cérebro humano produz químicas naturais que são milhares de vezes mais poderosas do que produtos farmacêuticos e narcóticos. Conforme a pessoa medita, o corpo secreta hormônios que fazem a pessoa se sentir melhor e proporciona uma carga de energia queleva à felicidade.

Esse é outro dos efeitos colaterais da meditação que vale a pena ser mencionado.

A meditação promove diferentes sentimentos para todos. Alguns usam isso no lugar de uma terapia ou de uma consulta com um psicólogo. Outros a consideram uma ferramenta valiosa para melhorar suas performances nos esportes ou no trabalho. Ainda há aqueles que usando para apurar a memória e expandir as funções mentais.

Também foi provado que a meditação nos dá um forte e sustentável vigor, energia sexual e sentimento de calma. Promove descanso que leva a um sono excepcionalmente revigorante.

MEDITAÇÃO RELAXA O CORPO E A MENTE

Meditação é se concentrar em uma certa ideia e inclui a "mente quieta", como você pensa internamente, chegando a um sentimento mais casual e descontraído. Esse sistema de relaxamento pode ajudar um homem a aumentar sua identidade através da ordem mental eapoiar sua saúde espiritual ao se comunicar com Deus.

Geralmente ligadaa algumas religiões orientais antigas que remontam alguns séculos, a meditação tem sido assimilada na sociedade ocidental como sendo uma prática espiritual e para tratamentos terapêuticos que se concentram em vários tipos de recuperações com a ajuda da psique e da energia interior.

Como dito pelo Dr. Borysenko, autor do livro "Cuidando do Corpo, Curando a Mente", "...através da meditação, descobrimos como chegar à reação relaxante (a reação fisiológica inspirada pela meditação) e nós ficamos mais conscientes de no nosso cérebro e da maneira que nosso comportamento produz estresse." Ela acredita que através da meditação um indivíduo pode alcançar o "médico interior" e permitir que a sabedoria interior do próprio corpo seja ouvida.

No taoísmo, a mente que controla e sente as emoções é controlada pelo "fogo" ou energia do coração. Irrestritamente, esse fogo envia suas labaredas para cima e se torna capaz de desperdiçar a energia e de sufocar a mente. Por outro lado, a mente que controla a intenção, ou força de vontade, é controlada pela energia da águados rins humanos. Sem qualquer tipo de direcionamento, a energia da "água" é liberada pelo órgão sexual e drena a essência e o espírito. De qualquer forma, quando você pratica meditação, o fluxo de energia da água e do fogo é preservado. Assim a energia da água é levada para a cabeça, através dos centros desses canais, enquanto a energia do fogo que vem do coração está sendo atraída para o abdômen. Onde essa energia é refinada e transformada. Esse processo permite que a mente que controla a intenção, que é a água, proporcione um calmo e relaxante efeito sobre a mente que controla as emoções, que é o fogo. Portanto, o relaxamento da meditação acontece.

Nos dias de hoje, no mundo em que vivemos existe muito caos e negativismo trazidos pelo homem que corre atrás de riqueza e poder, muitos são vítimas do estresse e da ansiedade, não é necessário mencionar as inúmeras condições médicas como doenças respiratórias e cardiovasculares.

O relaxamento da meditação cobre todo o corpo e mente. Isso realmente beneficia e promove alívio para as pessoas que estão sofrendo com ansiedade, porque isso permite que a pessoa seja capaz de experimentar relaxamento e liberar as energias negativas acumuladas no corpo, permitindo que você adquira um tipo totalmente diferente de cura que não é possível conseguir usando apenas medicamentos. Mas essa não é umatécnica fácil de aprender, e ela precisa ser aprendida corretamente. Sempre que você estiver treinando a arte da meditação você deve ter certeza de não haver distrações.

Os princípios chavesda meditação na yoga é a atenção e a respiração. Esses dois princípios podem funcionar naturalmente juntos e perfeitamente para permitir que o corpo e mente alcancem o relaxamento completo.

Há momentos que a mente está inquieta e incapaz de se concentrar e você fica com a tendência de abrir os olhos e de fazer movimentos desnecessários durante o processo. Uma coisa que alguns praticantes fazem é usar algum dispositivo externo ou estímulos como música e referências visuais para alcançar esse estado de relaxamento. No entanto, treinar a mente significa não depender de recursos externos, mas exercitar a própria mente.

Se você quer treinar a mente inquieta, primeiramente, você precisa reconhecer que ela é inquieta e saber que isso pode não ser tão fácil quanto você está esperando. Tenha certeza de dar algo para sua mente fazer, algo que seja interno e real e não algo que seja externo ou parte de uma fantasia. Tenha certeza de focar no interior no corpo e por favor não crie algo que não exista de verdade. É isso que faz meditação da yoga incrível. Então, mesmo que o seu objetivo seja acabar com o estresse, curar uma doença ou atingir um alto de nível de conexão espiritual. A meditação da yoga é a melhor opção para todos eles bem como para o relaxamento que pode te ajudar a encontrar o poder cura que você precisa, tudo isso ensinando a sua mente como alcançar o seu poder interior.

A CURA MARAVILHOSA DA MEDITAÇÃO

A meditação é uma prática antiga comum entre as religiões para a iluminação espiritual e cura. Isso foi provado e aceito como uma terapia alternativa conhecida como "medicina mente-corpo".

A meditação vem sendo reconhecida mais e mais através dos anos por sua eficácia em melhorar a saúde do coração, aliviar dor crônica, a ansiedade, o estresse, aumentar a imunidade e o humor e resolver problemas de gestação. A meditação está sendo prescrita por médicos para melhorar a performance dos exercícios para pacientes com angina; ajuda a diminuir a pressão arterial, aliviar a insônia, e ajuda as pessoas a controlar mais facilmente a asma e a respiração. A meditação pode ser usada como uma simples e segura maneira de estabilizar o bem-estar físico, emocional e mental.

De acordo com o cardiologista Herbert Benson "qualquer condição causada ou agrava pelo estresse pode ser aliviada com a meditação". Berson, fundador do Centro Médico Mente e Corpo Beth Israel Deaconess da Escola de Medicina de Harvard, diz que a meditação pode ajudar a induzir o relaxamento e ajudar a diminuir a pressão arterial, diminuir o metabolismo, e a melhorar a respiração, ritmo cardíaco e ondas cerebrais. Os músculos do corpo irão começar a liberar a rigidez e tensões quando receberem uma massagem tranquila.

O funcionamento da meditação foi comprovado quando um escâner cerebral (ou ressonância magnética) analisou pessoas que meditaram. Esses escaneamentos mostraram um aumento de atividades nas áreas do cérebro que controlam o ritmo cardíaco e o metabolismo. Houve estudos com monges budistas que mostraram mudança duradouras na atividade cerebral, envolvendo memória de trabalho, atenção, percepção consciente e aprendizado.

A meditação em si é uma tarefa fácil, mas difícil de controlar plenamente. Ela deve ser praticada para desenvolver a habilidade de ignorar as distrações em volta e de focar os seus pensamentos nos padrões de respiração. Ao final da meditação é entoado um mantra, frase ou palavra para estimular uma resposta biológica para ajudar a relaxar. Repetição é calmante e é o segredo da meditação. Quanto mais se pratica mais fácil é para alcançar o estado meditativo e maior é o relaxamento. Meditar várias vezes ao dia pode ajudar a manter nosso dia relaxado e livre de estresse durante o dia inteiro.

BENEFÍCIOS DA MEDITAÇÃO

Saúde do coração:houve muitos estudos que mostraram que a prática da meditação pode ajudar reduzir significantemente a pressão arterial. Estudos foram conduzidos na faculdadeMaharishiVedic Medicine em Fairfield, Iowa, que mostram que a frequência cardíaca em adultos afrodescendentes diminuiu significativamente com a meditação.Também houve estudos com adolescente realizados pelo American JournalofHypertension que mostraram que meditar por 15 minutos em um período de quatro meses pode ajudar a reduzir a pressão sanguínea em alguns pontos.

Melhora a imunidade: a meditação foi estudada com a Medicina Psicossomática por seu efeito nas funções imunológicas. Demonstrou ajudar a prevenir infecções e doenças. Um grupo de voluntários meditou por 8 semanas e outro não. Depois eles receberam vacinas contra gripe. Quando checaram os exames de sangue foi constatado que o grupo que meditou produziualtos níveis de anticorpos contra o vírus da gripe.

Saúde feminina: foi comprovado que a amamentação, problemas de infertilidade e a Transtorno pré-menstrual (TPM) foram melhoradas nas pessoas que meditam regularmente. Houve um estudo que mostrou que os sintomas da TPM diminuíram em 58% nas mulheres que meditaram. Houve também um estudo que mostrou que mulheres que meditam tem ondas de calor menos intensas. Ansiedade, fadiga e depressão em mulheres que estão enfrentando a infertilidade foram diminuídas nas pessoas que meditaram por 10 semanas. 34% daquelas que meditaram ficaram grávidas nos primeiros seis meses. As mães foram capazes de dobrar a produção de leite quando meditavam.

MEDITAÇÃO MELHORA A ATIVIDADES CEREBRAL

A atividade cerebral tem se mostrado mais alta nas pessoas que meditam regularmente. Isso foi mostrado pelas atividades conhecidas como ondas gama, que são o centro da felicidade e aprendizado do cérebro. Memória, atenção, percepção conscientee aprendizado fazem parte do processo mental mostrado através das ondas gama.

Meditação está sendo considerada pelos profissionais de saúde e está sendo usada como peça-chave nos programa de saúde. Além disso, se você estiver com dificuldade para começar a meditar, há aulas nas quais você pode se inscrever. Eles podem te mostrar práticas que irão te ajudar a começar o processo de relaxamento benéfico. Isso pode ser alcançado pela yoga, meditação ou orações. Estudos mostraram que a meditação é tão eficaz quanto qualquer outra terapia alternativa.

PROCESSO DE PENSAMENTO POSITIVO

Suas atitudes negativas e positivas dependem completamente de você. A sua mentalidade é criada por você. Você é quem toma as decisões e escolhe os seus amigos, ambiente que você vive e atitudes que toma,

A sua mente é igual a um computador. Ela absorve os dados a sua volta e cresce com aquilo que você pega. Muitos pensam que suas mentes não estão sob seu controle. E isso é um erro de julgamento causado pela negatividade em volta. A negatividade é encontrada no ambiente ou na influência das ideias não construtivas dos outros.

O seu cérebro é igual a um computador. Quando está infectado com coisas ruins como vírus você precisa perceber o mais rápido possível para ele não se espalhe por toda a sua mente. Esses dados negativos podem ser recebidos de seus amigos ou outros a sua volta. Assim você está espalhando energia negativa para todos igual a uma gripe.

Você é como um fazendeiro. Você também tem a capacidade de nutrir as informações ou pensamentos positivos que sua mente usa para crescer. Assim como um campo que cresce sem ajuda ou nutrientes não será tão abundante e saudável quanto um que foi cultivado com positividade e atenção.

A nossa mente e energia que cresce com ela funciona da mesma maneira.

Você decide a qualidade das informações que recebe através de ebooks, livros, CDs,

DVDs, cursos, leituras, seminários e palestras. Essa informação te ajudará a melhorar a sua mentalidade positiva.

Apenas receber informações positivas não é o suficiente. Você também precisa reforçar sua energia positiva adicionando continuamente à energia que você absorve. Nunca pare de alimentar os bons pensamentos e energias. Ajudar a sua mente a crescer igual um fazendeiro ajuda sua plantação a crescer dando água e fertilizantes. Lembre-se que você deve bloquear as informações negativas. Assim como em qualquer jardim você deve sempre cuidar dele ou a negatividade continuará a crescer. A meditação é uma das maneiras das quais nós podemos utilizar para focar na energia que recebemos e aumentar nosso processo cerebral sobre que é positivo ou negativo.

Meditar é focar em um pensamento, objeto, tarefas ou qualquer outracoisa para que você possa tomar uma decisão boa e saudável.

A meditação nos faz diminuir a velocidade e observar os lados positivos e negativos de um problema, então nós podemos aprender e crescer para tomar as decisões corretas. Isso também ajudará pegando coisas negativas e transformando-as em experiencias positivas para aprender. Você ajudará a criar uma mentalidade positiva para avançar na vida. O resultado será: alcance de metas, novos amigos, desenvolver um espírito de vontade forte e terá mais facilidade para lidar com os problemas.

Quando você lembra das realizações do passado você tem bons sentimentos e empoderamento para continuar avançando. A habilidade de ter esses sentimentos está dentro de todos nós e cria uma fórmula que nos leva ao sucesso, mas depende de você usar essa fórmula junto com uma mentalidade positiva. Muitos por aí não tomaram medidas para avançar e ser positivos.

Use a meditação para acalmar a sua mente e alma e para ajudá-lo na tomada de decisão de sair do grupo de pessoas que você convive todos os dias e seguir em frente com ação e disciplina.

CAPÍTULO TRÊS

BENEFÍCIOS DA MEDITAÇÃO

"Se você quer vencer a ansiedade da vida, viva no momento, viva na respiração."
Amit Ray

A meditação tem vários benefícios para o corpo. Esses benefícios englobam tanto os aspectos físicos quantos os mentais de um ser humano.

Esses aspectos são mencionados neste capítulo, embora existam outras maneiras pelas quais a meditação possa ajudar, abordadas em outros capítulos deste livro.

BENEFÍCIOS FÍSICOS DA MEDITAÇÃO

PRESSÃO SANGUÍNEA.

Um dos grandes benefícios da meditação é eliminar os altos níveis de pressão sanguínea que algumas pessoas experenciam e ajuda também a manter os níveis dentro da normalidade quando a prática da meditação se torna regular. A pressão sanguínea é a principal culpada de levar as pessoas a desenvolver doenças fatais incluindo problemas cardíacos e hipertensão. Embora possa levar algum tempo para as pessoas desenvolveram pressão alta, seu lento progresso pode passar despercebido por um tempo. Portanto, é melhor prevenir do que correr atrás da cura. Se a pressão sanguínea for controlada por um estilo de vida saudável e meditação, não será necessário enfrentar muitos dos problemas associados com a pressão sanguínea. Isso cria uma situação vencedora.

Simplesmente usando a meditação, você será capaz de se acalmar através da concentração na respiração. Frequentemente o ritmo que respiramos determina o quão forte é a batida do coração. Se você respirar muito rápido o seu coração bate mais rápido e isso aumentar a sua pressão sanguínea. Existem uma variedade de razões pelas quais um coração acelera e isso inclui o estresse, mas as técnicas de respiração usada na meditação serão capazes de te relaxar e ao mesmo tempo diminuir a sua pressão sanguínea.

Como as pessoas que sofrem de estresse

ficam propensas a doenças cardíacas, isso pode apenas ser visto como um estímulo para o corpo. A meditação te deixa atento e, portando, ciente da necessidade de desacelerar para ajudar a pressão sanguínea a voltar ao normal sem o uso de medicamentos. Isso é realmente um estímulo, porque significa que você não precisará sofrer os efeitos colaterais dos medicamentos.

ARTICULAÇÕES

A meditação ajuda a manter todas as partes do seu corpo em forma. Entre essas partes do corpo estão as várias articulações do corpo. O cérebro libera químicas que as mantem lubrificadas e, portanto, várias doenças relacionadas às articulações, como artrite, podem ser evitadas. É especialmente útil para pessoas idosas e para pessoas predispostas a terem artrite. Se você souber, por exemplo, de algum parente que sofreram de artrite, a meditação irá te ajudar a controlar o início no seu caso em particular.

Também ajuda no combate à síndrome do

túnel do carpo, que é muito relacionada às articulações, sendo muito comum entre os jovens, devido à quantidade de tempo que eles passam nos teclados de computadores e celulares. O efeito anti-inflamatório do relaxamento ajuda consideravelmente aqueles que sofrem com esses problemas e, portanto, o relaxamento obtido na meditação irá te ajudar caso sofra desse problema. Os movimentos repetidos utilizados na comunicação tecnológica pode ser algo que deve ser visto como causa da síndrome do túnel de carpo e pode ser a melhor mudança no estilo de vida para evitá-la também.

IMUNIDADE

Meditar regularmente pode ajudar o corpo a se manter em forma e saudável. A mente controla o funcionamento do corpo de maneira tão intensa e extensa que é difícil de imaginar.

Isso irá promover a liberação de antioxidantes que irão ajudar a combater os radicais livres nas células, sendo eles os um dos causadores do câncer. Ajuda a estimular também as células de Kupffer no fígado, que são a primeira linha de defesa do corpo contra as doenças.

Meditar sempre pode ajudar o corpo a desenvolver resistência contra doenças comuns como tosses e resfriados e ajuda a prevenir que doenças contagiosas afetem o corpo. Funciona mais do que tomar medicamentos para gripe ou tomar muita vitamina C. A melhor parte é que você não tem que despender muito tempo para que a meditação tenha efeito. Normalmente uma meditação de aproximadamente quinze minutos é o suficiente para conseguir os benefícios que você está procurando. O sistema imunológico é uma parte muito importante da biologia humana e se você conseguir mantê-lo saudável já é meio caminho andando para alcançar os benefícios para a saúde e também para conseguir medidas de precauçãopara se proteger de doenças. A mente é extremamente poderosa, mas quando se trata de um pensamento concentrado, como o usado na meditação, o poder aumenta.

NÍVEIS DE ENERGIA

Meditar regularmente pode ajudar a manter altos níveis de energia. Quando uma pessoa respira rápido, ele ou ela inala bastante oxigênio fresco. Esse oxigênio ajudar no rejuvenescimento de cada célula do corpo. Quando as células se sentem jovens, elas se expandem e armazenam muito mais energia, fornecendo nutrientes como carboidratos.

Junto com uma dieta balanceada, uma pessoa pode facilmente reduzir alguns anos de idade, de fato, reverter os efeitos do envelhecimento e começar a parecer muito mais jovem. Muitas celebridades utilizam a meditação para esse propósito e evitam ao máximo as cirurgias.

DOR E DOR LOCALIZADA

Como dito anteriormente, a mente controla o corpo de uma maneira muita vasta. Ela toma conta de todo o funcionamento do corpo e ajuda o corpo a se manter em forma e saudável. Se uma pessoa tem a mente cheia de tensões e preocupações, ele ou ela com certeza terá enxaqueca ou outros potenciais sintomas de natureza negativa. Com a enxaqueca sendo uma das doenças mais comuns, é ainda mais importante meditar e relaxar para evitar que isso aconteça.

Meditar regularmente pode ajudar a aliviar as dores musculares, dores nas articulações, inchaços nas articulações etc. também pode ajudar na redução das dores já existentes.

REJUVENECIMENTO

De longe, um dos maiores benefícios da meditação é a capacidade de fazer você sentir mais jovem. Se você não acredita nisso, veja o que os especialistas dizem,Dharma Singh Khalsa, especialista em pesquisas sobre a doença de Alzheimer, declara:

"A meditação reduz a pressão sanguínea e outras características do envelhecimento, incluindo MVO2 ou a demanda de oxigênio. Melhora o bem-estar psicológico, talvez o fato mais significativo seja o

comprimento dos telômeros (os telômeros são a extremidade final do nosso DNA), que é um indicador muito importante do envelhecimento e longevidade: telômeros mais longos = menos doenças + vida mais longa ".

Isso pode ser muito significativo para aqueles que estão pensando em fazer a meditação, mas que ainda não estão convencidos de seus benefícios. Imagine o sentimento de juventude, imagine o seu corpo sendo capaz delidar com o processo de envelhecimento de forma mais graciosa e você poderá ver que ela é mais poderosa do que as outras opções de medicina natural para alcançar os objetivos.

BENEFÍCIOS MENTAIS DA MEDITAÇÃO

TENÇÕES PODEM SER REDUZIDAS

Quando uma pessoa medita, ele ou ela começa, automaticamente, a controlar muito melhor a mente.Uma mente treinada controla, automaticamente, a tensão e mantem a mente em um estado calmo. Assim que ela percebe que não há mais tensão, ela automaticamente leva o cérebro a um estado de controle de consciência. É dessa forma que as pessoas que meditam controlam a forma que elas reagem aos estímulos que recebem. A meditação os ajuda a focar em outra coisa e evitar os efeitos negativos das situações e elas podem ser transformadas em lições positivas. É por isso também que as pessoas que meditam raramente têm problemas cardíacos ou de pressão e aqueles que passam por esses problemas conseguem facilmente controlar sua condição, porque, diferentemente do cérebro de um ser humano comum, o cérebro controla o nível de estresse.

O subconsciente então se prepara para enfrentar os problemas e lida com eles com sua capacidade máxima. Durante o processo, ele também desenvolve resistências e previne ataques futuros. A meditação regular, portanto, é considerada útil para acabar com as tensões do dia a dia e ajuda as pessoas a levar uma vida mais calma. Dado o poder da meditação, não é de se surpreender que o corpo ganhe mais capacidade de lidar com os severos golpes que a vida nos dá. Ninguém consegue fingir que coisas ruins não acontecem, mas a meditação deixa o corpo preparado para lidar melhor com os eventos e situações negativas.

PREVENINDO A ANSIEDADE

Ansiedade é um estado da mente que é causado pela tensão constante. Muitos dias de tensão e estresse podem causar ansiedade e a prática da meditação é o melhor jeito de preveni-la.

A meditação pode, de fato, erradicar a ansiedade, pois não permitirá que você sofra estresse em primeiro lugar. Quando o estresse sai de cena, a pessoa, automaticamente, não desenvolve qualquer ansiedade ou reação que esteja associada com o estresse de certas situações. Ao dedicar apenas alguns minutos por dia para a meditação, uma pessoa pode remediar facilmente seus níveis de ansiedade. Existe uma multidão que reverteu um quadro de ansiedade crônica utilizando a meditação como tratamento principal.

Isso funciona, pois, através da meditação, um ser humano é mais capaz de controlar as emoções que podem desencadear ataques de ansiedade. Com essas emoções sendo controladas, é improvável que o estágio da ansiedade seja alcançado, pois a mente saberá lidar com os problemas que podem levar a esse estado onde a ansiedade assume o controle.

ESTÍMULO DO OTIMISMO

Uma atitude positiva é extremamente poderosa na vida. Se uma pessoa tem apenas pensamentos negativos, ele ou ela é obrigado a experimentar tensão e estresse. Para combater o estresse, é importante pensar positivo independentemente da situação. As pessoas que sofrem de doenças mais graves, como o câncer, aprendem que a atitude e o pensamento positivo os ajudarão a passar pela terrível provação e a sair do outro lado se sentindo melhor, A atitude positiva cura, e portanto, é uma coisa que todos devem adotar como atitude normal e saudável que ajuda na cura. Negatividade pode fazer o oposto, então tudo que você ganha com a meditação ira te ajudar a otimizar os seus sentimentos de paz com o mundo e a matar os sentimentos de pessimismo.

Para pensar positivamente, é preciso meditar e trainar diariamente a mente. É importante ganhar controle sobre a mente e alterar o trem de pensamentos. Dessa forma, você é mais capaz de lidar com o estresse e todo o pessimismo que o acompanha. Uma pessoa que pratica diariamente a meditação irá começar a desenvolver otimismo e irá interromper os pensamentos e sentimentos negativos que afetam diretamente suas vidas de uma maneira positiva.

ESTABILIDADE EMOCIONAL

A vida se tornou extremamente imprevisível nos dias de hoje e temos tantos relacionamentos para gerenciar que frequentemente nos vemos tendo que lidar com instabilidades emocionais. Há tantos altos e baixos na vida que causam estresse e perturbações emocionais. A meditação te ajuda a controlar esse elemento de sua vida.

É a era do divórcio, e isso significa que a estabilidade emocional será afetada. Com preocupações com os filhos, posses e todas as armadilhas da vida, não é de se admirar que as pessoas caem nas armadilhas de instabilidade emocional da vida. No entanto, a meditaçãoos ajuda a centrarem seus pensamentos e a superar todos esses eventos com uma força real que é capaz de ajudar eles a pensar além dos problemasque têm sido muito difíceis de lidar. Isso fortalece a motivação e ajuda as pessoas a olharem à distância para os problemas que se tornaram muito próximos, encontrando soluções que levam em consideração todos os envolvidos na situação

A resposta simples para o problema da instabilidade emocional é a meditação e não a medicação. Com meditação, você pode ter controle de suas emoções. Você pode controlar como você se sente em determinadas situações e sabe que é o momento de se afastarquando percebe que isso é prejudicial. Você será uma pessoa que perdoa mais e parará de sentir raiva da vida. De fato, a meditação te ajuda a ver todos os lados e a balancear o peso de suas decisões de uma maneira mais clara. Isso também te ajuda a sentir empatia e humildade e essas são virtudes importantes quando você está analisando a sua fragilidade mental. A maioria das pessoas são frágeis quando estão em situações ruins, porque elas permitem que suas emoções controlem seus estados físicos. No entanto, com uma rotina de meditação, o equilíbrio é direcionado e é feito progresso e isso desvia a atenção da instabilidade para algo mais seguro.

A INTELIGENCIA PODE SER MELHORADA

Você pode facilmente melhorar o poder da sua memória com a meditação. E quando você melhora o poder de sua memória, você se torna capaz de se lembrar melhor das coisas e usar isso em benefício próprio. As pessoas param de aprender, porque elas fecham suas mentes para novas ideias. A meditação te ajuda a permanecer sempre aberto e isso te ajuda a se transformar em um ser humano mais completo. Você enxerga de forma diferente e com mais clarezas as coisas e isso te ajuda a reter as informações.

Você se sentirá uma pessoa mais esperta e começará a ter conversas melhores com as pessoas. Você irá começar a tomar decisões melhores e isso irá te ajudar a ganhar mais sucesso e a construir um relacionamento melhor com sua família e amigos. A relação entre a meditação e a compreensão dos outros é bem conhecida, porque a meditação faz com que você pare e pense na sua próxima ação, evitando assim muitos erros que as pessoas cometem ao não refletir o suficiente sobre a situação.

Você pode estar surpreso com oque você pode alcançar, porque ao invés de deixar a vida passar você está saudando-a e vendo todas as oportunidades que cruzam o seu caminho, ao invés de estar muito ocupado para percebê-las. Você ganha inteligência da observação e as pessoas que não encontram tempo para observar estão perdendo a oportunidade de melhorar quem são e como veem o mundo. Tudo isso faz parte da inteligência. Não é apenas aprender com livros. É ser capaz de formar relacionamentos com as pessoas a sua volta e fazendo isso de uma maneira muito humana, inteligente e compreensiva.

O PODER DA MENTE SUBCONSCIENTE

Os cientistas dizem que nós só usamos 10% de nossamente. Os outros 90% estão sendo desperdiçados. Pense no que aconteceria se nó usássemos apenas 10% de nosso salário. Você sobreviveria com apenas 10% do dinheiro que você recebe? Para a maioria das pessoas a resposta para essa pergunta é não.

E que tal 10% da comida que você ingere na sua dieta. Ou apenas 80 minutos de sono das 8 horas recomendadas. A sua vida seria um completo caos. Imagine você vivendo apenas com 10% do oxigênio que você respira todos os dias.

Se nós não conseguimos viver com apenas de 10% de qualquer coisa, então por que nos contentaríamos em usar apenas 10% do nosso cérebro?

Você está vivendo a vida que quer?Vivendo, de verdade, nos seus desejos e não nos que o universo te deu? Mesmo que transformar a sua vida em algo melhor pareça um conto de fadas, pense no potencial que você tem se começar a desbloquear as partes da sua mente que não está usando no momento. A meditação permite focar e usar o poder do seu subconsciente para assumir e fazer coisas que você nuca sonhou serempossíveia. Incluindo curar sua mente e corpo.

Foi provado cientificamente que aqueles que meditam vivem uma vida com mais harmonia, riqueza, saúde, alegria e sucesso. Se você ainda não tem nada disso, não é sua culpa. Nem você e nem os seus antepassados foram ensinados em como controlar corretamente a mente.

Tudo o que aconteceu antes do momento que você pegou esse livro se tornou passado. O seu subconsciente agora está sob o seu comando. Quer uma prova? Olhe para o relógio antes de dormir esta noite e diga ao seu subconsciente que você quer acordas às 07h00. Eu aposto que em algum momento próximo ao horário das 07h00 os seus olhos abrirão.

Durante a meditaçãovocê tem o poder de dizer ao seu subconsciente o que você é e não o que quer ser. Você pode pedir para o seu subconsciente para te ouvir. Você se tornará mais eficiente no trabalho e conseguirá o aumento que tanto quis nos últimos anos. Você se tornará uma pessoa mais saudável e terá uma vida melhor.

Use o poder da afirmação enquanto estiver praticando ou use o poder de convencer a si mesmo de que é possível se tornar exatamente aquilo que você quer ser. Diga a si mesmo o que você é de uma maneira positiva e será nisso que você se transformará.

CAPÍTULO QUATRO

TIPOS DE MEDITAÇÃO

"A mente pode ir em mil direções, mas neste caminho bonito, eu ando em paz. A cada passo, o vento sopra. A cada passo, uma flor cresce."

ThíchNhấtHạnh

Quando as pessoas mencionam a meditação,as pessoas frequentemente lembram da imagem de uma pessoa sentada de pernas cruzadas entoando "om". Isso acontece pela forma que a mídia projeta a meditação. Mas a meditação não se limita apenas a esse tipo de atividade. Existem tantos tipos de práticas de meditação que uma pessoa pode adotar e quando você conhece os diferentes tipos, você pode escolher aquele que mais se adequa às suas necessidades. Algumas pessoas tentam todos os diferentes tipos de meditação para descobrir qual é a mais adequada. Nunca se sabe, você pode encontrar um sistema de meditação que seja melhor para você do que para os outros. Procure dentre os diferentes tipos, porque se encontrar um que se adeque a você, isso te beneficiará. Há tanto para se ganhar com a meditaçãoe você só pode descobrir se praticar. Depois que você começa, é improvável que lembre dá época que a meditação não fazia parte da sua vida.

Os diferentes tipos de meditação e seus métodos serão explicados em detalhes abaixo para que você possa usar o que melhor se adequar às suas necessidades e ao seu estilo de vida.

MEDITAÇÃO TRADICIONAL

Também conhecida como a meditação transcendental, esse método é popular pela sua simplicidade e sua extrema eficácia. Esse método de meditação é extensivamente praticado por todo o mundo e é dito que é um dos métodos mais eficazes. Essa meditação é melhor se for praticada todo dia preferencialmente durante as primeiras horas do dia, antes que o mundo comece a ficar ocupado.Quando você pratica esse tipo de meditação durante a manhã, você está dando ao seu corpo a chance de rejuvenescer do jeito que ele precisa.Você pode dar energia extra para si mesmo para ter um dia mais relaxadosem o estresse habitual que você deve estar acostumado a lidar.

Essa forma de meditação é provavelmente a forma mais conhecida no mundo ocidental, embora a meditação consciente esteja ficando bem popular entre as pessoas que sofrem de estresse. Vale a pena conferir ambos os estilos de meditação, pois cada um tem seu mérito. É provável que a meditação tradicional seja mais fácil de aprender em grupo ou com em uma aula particular com um instrutor. E claro, você pode aprenderisso sozinho em casa, mas leia atentamente as instruções. O benefício de praticar a meditação em grupo que é os outros te incentivam a continuar e a fazer os diferentes tipos de exercícios, para maximizar os benefícios que você colhe da meditação.

COMO PRATICAR

Para praticar a meditação transcendental,

você deve se sentar com as pernas cruzadas. Se você conseguir, você podecolocar os calcanhares nas coxas opostas, como mostrado nesta página, entrelaçando as pernas (esta é uma pose avançada e se deve ter cuidado).Estique os braços e encosteas costas das mãos no joelho. Respire fundo. segure por alguns segundos, solte lentamente e feche os olhos.

Imagem: Creative Commons Atribuição: Jemasty

A posição mostrada na imagem se chama posição de lótus e é uma posição padrão para meditação, embora algumas pessoas podem achá-la um pouco estranha no começo. Isso acontece porque dobrar as pernas nessa posição pode não ser muito confortável. Se você tem problemas de circulação, você deve conversar com o seu instrutor sobre as posições que podem ser feitas até o seu corpo ficar mais flexível. Tem umas dicas boas neste link sobre as diferentes posturas que um praticante de meditação pode usar como alternativa, tendo em mente o quão difícil é manter os pés nessa posição sem prática. A meia lótus pode ser uma alternativa para um iniciante, embora você deva estar ciente que essa posição é de crucial importância para as técnicas de meditação e que a coluna deve sempre estar ereta.

Quando você começar a próxima respiração, entoe uma palavra calmante como o "om" ou qualquer outra que te ajude a estabilizar a sua respiração e a relaxar. O objetivo por trás do canto "om" é te dar algo para se concentrar e ajudar a evitar a distrações. Om não tem significado e, portanto, não pode se transformar em uma linha de raciocínio, por isso é usada uma palavra sem significado.

Repita por 5 ou 15 minutos. Você pode começar com 5 e lentamente aumentar até chegar a 15minutos.

Os menos avançados começaram seus ensinamentos em como respirar corretamente e serão encorajados a tentar diferentes posições até a posição ideal para o corpo da pessoa ser encontradae também para manter a postura ereta. Normalmente isso envolve apenas cruzar confortavelmente as pernas.

OS BENEFÍCIOS DA MEDITAÇÃO TRADICIONAL

Esse método de meditação era praticado na Índia e foi descoberto que os efeitos benéficos desse estilo de meditação demoram para serem percebidos pelos praticantes. Isso demanda prática porque a quietude não é algo que as pessoas dos dias modernos estão acostumadas a fazer. Isso não é apenas uma questão de se sentar em uma certa posição, respirar e entoar um canto. É uma questão de foco interno e é isso é o mais difícil para as pessoas. Depois que você domina isso, você ajudará a sua saúde, aptidão mental e o seu nível de concentração. Na meditação tradicional a pessoa se concentra em mantras ou cantos, porque isso tira o foco de coisas mundanas, isso relaxa a mente e permite ela tenha o descanso que ela precisa. Portanto, isso dá ao corpo uma chance de se curar, relaxar e diminuir a pressão sanguínea, ajuda também o sistema imunológico a se reparar e fazer com que o corpo e a mente se sintam um com o mundo envolta.

MEDITAÇÃO RESPIRATÓRIA

Conhecida também como a meditação da yoga, a meditação respiratória faz com que a pessoa se concentre em sua respiração. A respiração tem poderes incríveis eos verdadeiros benefíciossó podem ser aproveitados por pessoas que fazem esse tipo de prática. Nesse tipo de meditação, você irá aprender como inspirar e expirar em um certo ritmo, focar-se apenas na respiração e em nada mais. A respiração é capaz de acalmar porque quando você consegue se focar em uma longa e demorada respiração você se torna capaz de deixar a tensão ir embora. Também é uma boa se concentrar no fato de você não estar pensando em nada ou se distraindo.

Tenha em mente que diferentes tipos de exercícios são úteis nesse método de meditação, pois diferentes tipos de respiração aprimoram algumas áreas e ajudam em certos problemas, como falta de concentração, ansiedade etc.

Há dois tipos de práticas de meditação respiratória: pranayama e bhrastrikapranayama. Ambos os métodos utilizam os exercícios de respiração em conjunto com concentração na inspiração e expiração. É como explorar o seu corpo desde o seu interior e a te ajuda a respirar conscientemente correto e a usar o seu diafragma do jeito certo.

COMO FAZER

Para praticar o Pranayama, sente-se com as pernascruzadas e braços esticados. Agora coloque o seu polegar na sua narina direita e respire com a sua narina esquerda. Segure por alguns segundosefeche sua narina esquerda com o seu dedo indicador expirando pela direita. Isso pode parecer estranho, mas é necessário acompanhar seu fluxo de respiração conforme você faz isso, portanto, fique atento à sua respiração, acompanhando isso desde a narina até a sua garganta e depois da sua garganta até os seus pulmões. Quando estiver espirando, você deve estar atento à movimentação do seu diafragma e no ar saindo do seu diafragma, passando pelo seu corpo e saindo.

Repita isso por 5 ou 15 minutos. Lembre-se de fazer isso lentamente nos próximos dias e você poderá fazer isso por, no máximo, 30 minutos por dia.

Mantenha os olhos fechados e se concentre na expansão e contração dos seus pulmões. Sinta o fluxo do ar dentro do seu corpo e fique o tempo todo atendo ao movimento dentro do seu corpo. Não se trata de apenas respirar, mas sim viver essa respiração. Da mesma forma que na meditação tradicional o praticante se concentra no "om", nesse método de meditação ele se concentra e todas as saídas e entradas do ar.

Para praticar a bhrastrikapranayama, sente-se com as costas retas e pernas cruzadas e permita que o seu corpo respire e expire. Concentre-se novamente e respire fundo.

Continue por 2 ou 3 minutos. Lembre-se que esse é um método avançado e você deve praticá-lo em dias alternados e por, no máximo, cinco minutos. Se você exagerar, você pode se sentir tonto e até mesmo desmaiar.

Nota: Concentrar-se, nesse contexto, significa sentir a alegriado momento e essa é uma parte vital dessa técnica.

Esse método é comum aos praticantes de yoga e os professores de yoga podem te guiar durante o processo e te ajudar a tornar a meditação respiratória parte do seu estilo de vida.

OS BENEFÍCIOS DA MEDITAÇÃO RESPIRATÓRIA

O objetivo desse tipo de meditação éa ligação entre a mente e a respiração, criando assim uma ponte. Se você ficarciente dos seus métodos de respiração, você realmente melhora a forma que o seu corpo absorve e expele o ar. Muitas pessoas dos dias de hoje se esqueceram de como respirar corretamente e não dão tempo suficiente para os seus corpos absorverem oxigênio suficiente, tornando lenta as respostas do corpo. Esse tipo de meditação pode moldar os sentidos, deixando o praticante mais atento no cuidado com o corpo e deixando-o menos propenso a sofrer com o estresse. O estresse, frequentemente, está relacionado a maus hábitos de respiração junto com dificuldade emocionais. Usando esse método de respiração, você será capaz de conter esses problemas e, portanto, evitar o estresse ou a ansiedade, que são coisas que podem sair do controle

Ouça a sua respiração e até mesmo preste atenção no jeito que respira. Se você não estiver respirando através das narinas, e muitos não o fazem, você pode não estar dando ao seu corpo a quantidade de ar que ele precisa para ser completamente eficiente. Observe agora em como você expira. Em como você expele o ar dos pulmões ou da sua área abdominal. Preste atenção na sua respiração, pois a meditação respiratória pode realmente te ajudar a afastar as doenças e ajudar o sistema imunológico a ser mais eficiente. Ela também pode aguçar a sua concentração e te deixar mais ciente do seu corpo e de sua atual condição.

MEDITAÇÃO DO RITMO CARDÍACO

Como o nome sugere, a respiração do ritmo cardíaco envolver o ritmo do seu coração. Essa forma de meditação é extremamente popular, devido à sua eficácia e por acalmar instantaneamente. Você terá que trabalhar no controle da sua frequência do seu coração se você quiser ser eficiente. Se o seu coração estiver batendo muito rápido, significa que você está estressado com coisas pesando em sua cabeça.

Você deve ser capaz de controlar o quão rápido o seu coração está batendo, para que você possa fazer essa meditação. Um batimento cardíaco constante é o ideal para o seu coração e para te acalmar, assim você pode realizar outras tarefas da sua vida que você precisa fazer sem todo esse estresse. ansiedade e preocupação com outras coisas.

COMO PRATICAR ESSE TIPO DE MEDITAÇÃO

Para praticar esse tipo de meditação, sente-se com a pernas cruzadas e com os olhos fechados. Agora estique a sua mão esquerda e dobre a palma da mão direita. Coloque os dedos dobrados sobre o seu coração. Respire fundo e visualize o ar se movendo dentro no seu corpo e alcançando o seu coração. Conforme você sente as batidas do seu coração, visualize o ar puro limpando o seu coração e o seu coraçãose sentindo refrescado pelo exercício. Agora visualize todo o ar e toxinas saindo do seu corpo.

Continue esse exercício por alguns minutos. Ideal para esse método é praticá-lo a medida que for confortável para você. Tenha certeza que você esteja ao ar livre e em um lugar silencioso.

COMO A MEDITAÇÃO DO RITMO CARDÍACO PODE SER ÚTIL

Essa forma de meditação remonta a 8000 anos. Ela é frequentemente usada no tai chi chuan, pois ajuda o praticante a dormir melhor. É durante o sono que o corpo realiza a maioria de suas curas. De fato, enquanto dorme, o poder de cura do corpo trabalha para ter certeza que você esteja em excelentes condições na próxima manhã. Por isso dormir é tão importante. Ouvir o coração também faz com que você tenha mais energia durante o dia e, portanto, use-o para ajudar os seus processos lógicos. É usado para te ajudar a aprimorar as suas habilidades naturais e sentir a alegria da vida.

MEDITAÇÃO DA KUNDALINI OU MEDITAÇÃO DA YOGA SAHAJA

Kundalini se refere a um tipo de energia existente dentro do corpo de todos. O despertar da kundalini é alcançado através de um método meditação chamado de meditação da sahaja yoga. Todos temos 7 chacras ou rodas de energia que giram e fazem com que uma pessoa seja saudável. Se houver bloqueios nos chacrasa pessoa enfrentará problemas de saúde e sofrerá com tensões e estresse. Esse tipo de meditação irá ajudar a limpar os vários bloqueios.

COMO FAZER

Para fazer esse tipo de meditação, sente-se com as pernas cruzadas e estique seus braços. Agora visualize uma bola de luz vindo do seu primeiro chakra localizado atrás do seu osso púbico. Agora imagine essa luz se movendo lentamente em direção ao seu segundo chakra, que fica localizado no seu estomago. Então ela se move para o terceiro chakra que fica perto do coração. Depois para o quarto, que fica localizado na garganta. Se move então para o quinto chakra, localizado em sua testa. Depois para o seu sexto chakra localizado no topo do seu cérebro e finalmente essa energia sai da sua cabeça e atravessa a sua aura.

Não faça isso por mais de15 minutos por dia.

OS BENEFÍCIOS DESSE TIPO DE MEDITAÇÃO

Essa meditação é associada com o seu bem-estar espiritual. Isso te ajuda a se aproximar de suas origens e crenças.

Portanto, é capaz de trazer uma grande paz interna. Pessoas que sentem essa paz interna são menos propensas a sofrer com estresse ou ansiedade, pois a meditação ensina a ter uma certa calma, essas pessoas podem escapar ao invés de sucumbir ao estresse.

MEDITAÇÃO ANDANDO

Como o nome sugere, essa forma de meditação envolve meditar enquanto você caminha. É dito queesse método de meditação não ajuda apenas a exercitar sua mente, mas também permite alcançar um corpo saudável. A origem dessa forma de meditação veio do período em que Buda procurava respostas. Ele descobriu esse método de meditação que o permitia estar consciente das coisas ao seu redor e a ficar em paz com elas.

COMO FAZER

Para realizar esse tipo de meditação, encontre uma área tranquila que você possa caminhar em círculos. Esses círculos não precisam ser muito grandes e podem ser feitos em pequenos turnos. Agora começa a andar em volta com os seus braços cruzados atrás de você. Toda vez que você der um passo com a sua perna direita, você deve inspirar e toda vez que você der um passo com a sua perna esquerda, você deve expirar.

Se você achar isso muito cansativo, então você pode inspirar e expirar a cada passo alternado. Você também pode usar um relógio e acompanhar o ponteiro dos segundos, embora isso vá contra a ideia original dessa meditação, pois se você usar um relógio a sua atenção estará mais voltada para ele do que para o seu entorno. Portanto, se você consegue calibrar a sua respiração apenas respirando em harmonia com os seus movimentos, você achará que esse é muito mais eficiente. Outro método, em vez de usar os passos como referência, é segurar um colar de meditação e usar as miçangas como referência para inspirar e expirar.

OS BENEFÍCIOS DE MEDITAR ANDANDO

Meditar andando é uma boa prática para as pessoas que pensam intensamente e para aqueles que acham difícil ficar parado. No entanto, os efeitos positivos desse tipo de meditação vêm daconcentração na respiração a da consciência do mundo ao redor, embora não se deva usá-las como uma distração. É muito complexa, mas ela te proporciona paz internet e discernimento. Assim como Buda estabeleceu um grande entendimento para escrever suas descobertas sobre a atenção plena.

MEDITAÇÃO QIGONG

Qigong é uma tradicional técnica de meditaçãoe é dito que tem sua origem na China. É dito que é muito útil para acalmar uma pessoa e limpar sua mente de problemas.Qigong é fácil de se praticar e você pode realizá-la a qualquer momento do dia. Essa técnica de meditação é intimamente relacionada a kundalini e segue um padrão semelhante. Esse sistema irá te ajudar a focar a atenção em coisas específicas da sua vida, melhorando a forma como você lida com elas.

COMO FAZER

Para realizar a meditação, sente-se com pernas cruzadas e com as palmas de suas mãos nos joelhos. Agora imagine uma bola de ar no seu primeiro chakra se movendo em direção ao quarto e então para o chakra da garganta. Essa bola continua se movendo de cima para baixo entre os chacras limpando todos os bloqueios e permitindo que os chacras girem sem qualquer impedimento. Você pode fazer essa meditação por 15 minutos ou por, no máximo, 30 minutos por dia.

COMO ESSA FORMA PODE SER ÚTIL

Qigong te ajuda a ficar mais focado e pessoas focadas sofrem menos com os problemas emocionais. Elas são capazes de ver certos problemas e encontrar razoavelmente fácil as soluções para eles, pois a meditação os ajuda a limpar a respiração, a consciência e o foco mental. Também é improvável que pessoas que praticam esse tipo de meditação sofram com estresse ou depressão, uma vez que ela é voltada para a energia positiva.

MEDITAÇÃO ZAZEN

A meditação zazené destinada para indivíduos que não tem muito tempo disponível e estão sempre correndo de um lado para outro. Essa forma de meditação é a melhor escolha para aqueles que estão procurando um estilo simples de meditação e nada complexo como se concentrar na respiração, batidas do coração ou chacras.

COMO FAZER

Para fazer essa meditação, a pessoa deve simplesmente se sentar com as pernas cruzadas e relaxar. Ele ou ela deve parar o processo de pensamento e pensar em absolutamente nada.

Isso deve ser feito pelo tempo que a pessoa consiga realizar essa prática com tranquilidade sem ser afetada pelas distrações e perturbações externas.

O VALOR DESSE TIPO DE MEDITAÇÃO

Uma mente quieta é muito pacífica. Se você conseguir lidar com o silêncio e não pensar em nada, então você está impedindo todos os pensamentos negativos de ficarem no seu caminho espiritual e no desenvolvimento das habilidades mentais. Isso pode soar simples, mas isso requer muita prática para que isso seja benéfico. As pessoas estão acostumadas a viver em um mundo ocupado e silenciá-lo ou deixar as interferências do mundo fora irá beneficiar os praticantes, porque isso liberta a mente, mesmo que de forma temporária, das preocupações e estresse. Isso, por sua vez, fortalece o lado emocional da sua personalidade e coloca as coisas em uma perspectiva melhor.

MEDITAÇÃO BASEADA NO TRANSE

A meditação baseada no transe requer uma segunda pessoa para ajudar a induzir o transe. Essa técnica é um pouco avançada e deve ser usada por pessoas que estão em um estado avançado de ansiedade. Isso pode ajudar a acalmar os nervos.

COMO FAZER

Para praticar esse tipo de meditação, a pessoa precisa procurar um hipnólogo profissional para hipnotizá-la. Isso pode ser feito de várias maneiras e o hipnólogo treinado irá conhecer o melhor método para utilizar assim que ele se familiarizar com você.

Apenas tenha certeza que essa pessoa te traga de volta à consciência depois de um certo período. Esse tipo de transe guiado, quando executado por um profissional, te leva apenas a um transe mediano. É nesse ponto o seu corpo é guiado pelas palavras. Você pode sentir as suas mãos pesadas, as suas pálpebras também podem ficar pesadas e quando você acordar do transe, você sentirá uma sensação de bem-estar.

TRANSE DA LUZ

Para alcançar isso, você precisa observar o seu próprio corpo e compreender como ele funciona. Quando você vai para a cama a noite, um pouco antes de você cair no sono, o seu corpo entra em um leve estado de transe. Observando isso, você será capaz de reproduzir o efeito. Isso é um sentimento muito leve, onde nada te preocupa e nada passa pela sua mente.

OS BENEFÍCIOS DA MEDITAÇÃO DO

TRANSE

Ela pode ajudar o indivíduo com problemas de ansiedade e aqueles que estão procurando algum tipo de técnica de relaxamento. De fato, o estado de transe na forma de luz é um sentimento relaxante tão maravilhoso que ofusca todos os pensamentos e permite o relaxamento total. Uma vez que o relaxamento é extremamente importante para a saúde, existem benefícios óbvios para sua capacidade mental, para seu estado de cansaço, sua capacidade de acorda revigorado e a capacidade de resolver problemas.

VISUALIZAÇÃO GUIADA

Essa forma de meditação pode ser muito calmante. É fácil de praticar e pode ser feita a qualquer momento do dia. Esse tipo de visualização é realmente muito poderosa e pode te ajudar a alcançar seus anseios e sonhos, deixando você em um estado muito feliz. Use isso para reforçar os pensamentos positivos e irá colher os benefícios.

COMO FAZER:

Para realizar esse tipo de visualização, você deve assumir uma pose relaxante e fechar os seus olhos. Agora visualize algo bom e calmante como dormir no meio de uma floresta em campo aberto e contemplando o céu limpo. Todas as suas preocupações se foram e você está se sentindo extremamente leve e feliz. Essa é forma mais simples de meditação que existe, mas você deve tomar cuidado para não deixar nada distrair esses pensamentos prazerosos. Caso aconteça, recomece e pratique até os pensamentos negativos do dia e interrupções cessarem. É preciso prática, mas pode ser equiparado a algo tão simples quanto sonhar acordado.

Faça isso por aproximadamente 15 minutos por dia.

BENEFÍCIOS DESSE TIPO DE MEDITAÇÃO

Os benefícios são múltiplos. Você pode superar estigmas, deixar no passado todos os seus problemas de autoestima e ter uma existência mais pacífica com você mesmo. Isso significa que a tensão mental será menor e que você levará uma vida mais positiva. Positividade é muito boa para a sua saúde e, por sua vez, ajuda o sistema imunológico a evitar os efeitos das doenças. Se você imaginar coisas agradáveis e deixá-las penetrar em sua mente, você está deixando ir as coisas negativas e isso te ajuda a se tornar muito mais positivo na forma que você leva a vida.

MEDITAÇÃO VIPASSANA

Essa forma de meditação também é conhecida como meditação da atenção plena. Essa meditação ajuda na limpeza do trato respiratório e da mente.

COMO FAZER:

Sente-se com as pernas cruzadas para realizar essa meditação.

Mantenha a coluna ereta e inspire fundo algumas vezes. Aumente a intensidade de sua respiração e comece a respirar com o estômago. Após alguns minutos, aumente a intensidade com você exala o ar e diminua o tempo que você leva para inalar. Os detalhes dessa meditação serão explicados no último capítulo, pois ela é mais complexa e pode ser feita mesmo durante as atividades comuns do dia a dia. Pare e absorva a atmosfera e o ambiente e permita que os seus pensamentos parem e sejam banhados pelo momento.

Repita isso por 15 minutos e você poderá fazer esse exercício uma vez ao dia não mais de 15 ou 20 minutos.

OS BENEFÍCIOS DESSE TIPO DE MEDITAÇÃO

Meditação da atenção plena te deixa muito mais consciente do mundo ao seu redor. Isso te ajuda a encontrar um equilíbrio tranquilo e você pode levar uma vida mais relaxada. É útil para aqueles que sofrem com a ansiedade e para aqueles que querem se sentir melhores consigo mesmos. No mundo de hoje, as pessoas estão se afastando do básico sobre viver suas vidas ao máximo. Elas se esqueceram do poder da mente e palavra "atenção plena" serve para lembrarque a sua mente pode ser muito poderosa. Esteja ciente disso; permita que a sua respiração te ajude a evitar problemas respiratórios e te deixe consciente de você e do lugar ao seu redor. Isso irá aguçar os pensamentos e te deixar muito feliz e realizado.

CAPÍTULO CINCO

PRECAUÇÕES IMPORTANTES

"O trabalho nem sempre é obrigatório. Existe uma coisa como a ociosidade sagrada"
~George MacDonald

Nos capítulos anteriores, nós vimos várias formas de práticas de meditação e como você pode realizá-las para obter uma sensação de calma.

Quando está tudo dito e feito, você tem que perceber que o excesso de alguma coisa pode ser ruim. Essa regra de aplica a meditação também. Quando você pratica meditação, você deve estar ciente que isso deve ser feito respeitando os limites. Lembre-se também de que você deve ter em mente as regras que te permitirão se concentrar na sua prática e te ajudar a elevar isso.

Vamos começar observando as regras corretas:

AS REGRAS CORRETAS DA MEDITAÇÃO

LOCAL

Antes de se sentar para medita, você deve ter certeza que encontrou o lugar certo. O local deve estar limpo e organizado. Preferencialmente um local que te faça sentir naturalmente relaxado. Embora seja aconselhável que você se sente diretamente no chão, você também pode se sentar em uma cadeira ou em um banco se você tiver problemas de coluna ou na perna. Algumas pessoas usam um tapete de yoga ou se ajoelham em uma almofada para proteger o corpo de cãibras e para impedir problemas de circulação que de outra forma podem ocorrer.

O ideal é ter uma clara visão da natureza à sua frente quando você se senta para meditar ou então um pôster da natureza. Você pode também colocar uma imagem calmante de buda à sua frente ou um objeto para se focar caso prefira fazer a meditação com os olhos abertos. Algumas pessoas fazem isso, porque ter algo para te dar foco extra é útil.

Você também precisa de um lugar que não seja muito iluminado. A luz tênue do sol da manhã é a ideal, mas se você escolheu um local interno, então deve ser um local que você possa diminuir a luz e se sentir seguro e confortável. Aromas são muito importantes. Se você escolher um local que não seja cheio de aromas fortes, isso te ajudará, pois irá te impedir de se distrair daquilo que você está tentando alcançar.

O lugar deve ter janelas que não te dê visão das ruas congestionas, pois elas podem ser muito incômodas.

POSIÇÃO

Quando você se senta para meditar, você deve assumir a posição de lótus ou uma de suas variantes mostradas no link apresentado nos capítulos anteriores. A posição de lótus é aquela que você se senta com as pernas cruzadas e com os braços esticados. Você deve encostar as costas de suas mãos nos joelhos e juntar as pontas dos seus dedos indicadores e polegares. Você deve respirar e manter a coluna ereta.Você deve também fechar os olhos e manter a mente limpa se isso faz parte do estilo de meditação escolhido. Meditação focada é usada quando você descobre que consegue se concentrar em um ponto em vez de fechar os olhos. Algumas pessoas acham isso muito benéfico.

ATMOSFERA

Quando você se senta para meditar, tenha certeza de que a atmosfera esteja calma e livre de ruídos. Não tem problemas e houve sons naturais como o cartar dos pássaros, mas o som do trânsito ou qualquer outro irá te perturbar e atrapalhar a sua prática. Desligue a música, pois ela é uma distração. Embora a música seja calmante, ela tende a distrair a sua mente do propósito do seu momento de meditação.

PRECAUÇÕES
CONSEQUÊNCIAS FÍSICAS

Se você meditar demais, você terá consequências físicas.

Para começar, depois que você acorda, você pode conseguir sentir as suas pernas, pois há muito ácido lático acumulado e elas podem ficar dormentes. Se esse é o caso, você deve encontrar uma posição melhor. A meditação não é uma tortura. Ela é sobre se centralizar e focar no que você está fazendo. A posição ideal é, claro, a de lótus, embora se você for novo na meditação, os instrutores irão te apresentar posição que serão mais fáceis para você até você adquirir experiência.

Em segundo lugar, você enfrentará cegueira temporária após ter os olhos fechados por um longo período. Isso é perfeitamente normal, pois é igual como se você estivesse em um quarto escuro por um certotempo.Antes de se levantar e continuar com o seu dia, abra calmamente os seus olhos e se readapte ao ambiente iluminado. Então você será capaz de se ajustar facilmente sem se comprometer.

CONSEQUÊNCIAS MENTAIS

Muitas vezes, após finalizar a meditação, você sentirá como se estivesse voltando a um estado de transe, pois ele é um estado confortável de se estar. Você se sentirá tentado a voltar e continuar no estado de subconsciência. É melhor que você estabeleça horários para meditação e os siga, pois os benefícios que você já alcançou nas suas sessões irão te ajudar a enfrentar o mundo como uma pessoa forte.

Você pode se sentir tonto e achar difícil andar em linha reta. É indicado que você se sente com os olhos abertos por alguns minutos até você recobrar totalmente a sua consciência. Não é muito diferente de acordar de um sono profundo e, assim como você faria para se manter acordado, você precisa ajustar o seu estado mental para esse novo sentimento de despertar.

Esses são apenas alguns dos efeitos colaterais da meditação dos quais você precisa ter cuidado e tentar evitar, na medida do possível, os problemas decorrentes deles.

AJUDAS EM GERAL QUE AS SESSÕES DE MEDITAÇÃO DÃO A VOCÊ

Desde que você seja sensível em sua meditação, você descobrirá que os benefícios são bastante imediatos. Você pode precisar se mais sessões para se sentir mais confiante com suas habilidades de meditação. Também é provável que você ache que os pensamentos te atrapalham. Isso não deve te impedir de tentar. Essa é uma resposta normal. Se você acha que uma pessoa saudável pode ter centenas de pensamentos invadindo suas mentes durante a meditação, seria realmente surpreendente se você fosse capaz de bloquear todos esses pensamentos nos estágios iniciais da meditação.

Se você é capaz de fazer isso, você irá se sentir renovado e afiado, e que a habilidade de meditação é uma daquelas habilidades que você sabe instantaneamente que fez certo. Se você pensar em coisas durante a sessão de meditação, que não deveriam ter permissão para invadir os seus pensamentos, apenas tente desligar a distração e voltara se concentrar no sistema de meditação que você escolheu como mais adequada para você. Nunca desista. O processo vale muito a pena e leva tempo. Não pense si mesmo como uma falha. Pense em si mesmo como uma pessoa que está tentando melhorar a própria vida e que está passando por dificuldades. Você pode fazer isso se você olhar para os seus erros e aprender com eles.

CONTAR AS RESPIRAÇÕES NÃO É COMO CONTAR OVELHAS

Eles dizem "Apenas feche os olhos e conte as suas respirações".O quão simples isso pode ser? "Não pense em mais nada. Apenas se concentre na sua respiração." Bem, qualquer um que tenha tentado essa meditação "simples" sabe que não é tão fácil assim.

Existem muitos obstáculos para essa tarefa aparentemente fácil.Nossas mentes naturalmente tendem a perambular e pensamentos aleatórios surgem se você tentar se focar completamente em qualquer coisa por mais que alguns segundos. Respirar é entediante; vamos admitir isso. Como podemos nos concentrar em algo tão mundano quando se tem coisas muito mais interessantes correndo pela sua cabeça.

Uma sessão típica pode ocorrer assim: fecho os olhos, sento-me confortavelmente e começo a contar. Inspiroum, inspiro dois, inspiro ... "Estou fazendo isso certo? Acho que sim, já estou no ... oh três." Inspiro quatro ... "Agora, devo começar de novo ou continuar?" Inspiro um, inspiro dois, inspiro três e inspiro quatro. "Uau, eu estou realmente pegando o jeito. Opa!" Inspiro um, inspiro dois ... "Lembrei-me de pagar a conta de telefone? Tenho certeza de que paguei. Eu sempre pago minhas contas em dia. Não sou como a Susan, ela sempre ... Droga, eu fiz de novo. " Inspiro um, inspiro dois ...

A boa notícia é que fica melhor com a prática. A má notícia é que ainda pode ser uma luta mesmo para os meditadores experientes, especialmente durante períodos agitados ou turbulentos em suas vidas. Felizmente, há mais boas notícias. Existem algumas coisas específicas que você pode fazer para ajudá-lo a se concentrar e reduzir a frustração em sua prática de meditação. Neste artigo, gostaria de oferecer três dicas para ajudá-lo em sua prática. São elas: observe, não controle, tenha compaixão e divirta-se.

Primeiro, não force ou tente controlar sua respiração. Este é um erro que muitos iniciantes cometem. Muitos meditadores inexperientes, consciente ou inconscientemente, alteram sua respiração em um esforço para se concentrar nela. O resultado é um padrão de respiração exagerado e frequentemente irregular. Isso pode realmente prejudicar a sua meditação ao invés de ajudá-la.

O que você quer fazer é apenas "vigiar" sua respiração. Você não precisa fazer nenhum esforço adicional. Se você apenas esperar e observar, respirará. Então, você pode contar. Claro, todos nós sabemos disso, mas muitas pessoas ainda se veem forçando. Se você se pegar controlando a respiração, lembre-se de que não é necessário e deixeque a próxima respiração saia naturalmente.

Isso me leva à próxima dica, que é compaixão. Nesse caso, quero dizer para você em sua prática de meditação. Como falamos anteriormente, não é fácil se concentrar na respiração. É muito importante não se repreender quando sua mente divaga ou você se pega controlando sua respiração. Se você pensar bem, o tempo que você gastaria para se repreender, por interromper seu foco, é apenas mais tempo desperdiçado de sua meditação. É melhor voltar suavemente à sua prática assim que perceber que está vacilando. Não se intimide e comece a pensar: "Eu não posso fazer isso. Isso nunca vai funcionar para mim". Esses pensamentos negativos não fazem nada para ajudar sua prática e te fazem perder um tempo valioso. Tenha compaixão. Apenas limpe esse pensamento e retorne à sua meditação.

Outra maneira de ver esses devaneios é perceber que eles são uma parte importante de seu progresso. Meditação é uma habilidadee, como a maioria das habilidades, requer prática. Um jogador de beisebol não entra na caixa de batedores pela primeira vez e começa a bater homeruns. Ele comete erros, faz correções e depois melhora com o tempo. Ele pode avaliar seu progresso pela redução de erros. Mesmo depois de ser um batedor experiente, ele errará abola mais do que gostaria. Mas seus acertos também devem aumentar.

Durante a sua prática de meditação, sua mente provavelmente vagará mais no começo. Mas não desista. As coisas vão melhorar. Assim como o jogador de beisebol, você perceberá menos erros ao longo do tempo e aprenderá a se recuperar deles mais rapidamente. Claro, você ainda terá desafios e até quedas de tempos em tempos, mas também terá mais sucessos.

A dica final que gostaria de dar é encontrar prazer em sua prática. Mesmo queseja difícil às vezes, a meditação diária pode melhorar muito sua vida. Não fique se avaliando e não espere progredir ou melhorar para um determinado nível dentro de um prazo específico. Diferente do beisebol, a mediação é uma experiência para a vida toda. Lembre-se que este é o seu tempo. Que seja o seu oásis, não uma tarefa árdua. Não importa o que mais esteja acontecendo em sua vida, seu tempo de meditação pode ser sua fuga. Como um mestre zen disse uma vez: "É só você e sua respiração e depois é apenas sua respiração". Inspire, expire e esqueça o mundo ao seu redor. Mesmo quando estiver ocupado ou preocupado com algum problema, mesmo que consiga encontrar apenas dez ou quinze minutos para ficar sozinho com a respiração, aproveite.

Espero que essas dicas o ajudem a melhorar sua experiência de meditação. Elas certamente provaram ser valiosas em minha prática pessoal ao longo dos anos. É claro que ainda luto de tempos em tempos com os mesmos problemas que discutimos aqui. Mas observando e não controlando, tendo compaixão comigo mesmo quando erro e aproveito meu tempo especial sozinho; eudeixei minha vida mais completa e feliz.

MEDITAÇÃO PARA PESSOAS EM MOVIMENTO

A meditação é um ritual antigo que é perfeito para pessoas que buscam um pouco de paz, silêncio e reflexão interior em suas vidas diárias. No entanto, muitas pessoas acreditam erroneamente que não têm tempo suficiente para se dedicar à meditação. Essa prática não requer uma sala especial e horas e horas de reflexão interna para que seja feita adequadamente e receba os melhores resultados. De fato, a meditação pode ser feita em qualquer canto tranquilo, incluindo sua sala de estar, escritório ou hotel.

Para fazer meditação adequadamente em alguns desses lugares, talvez seja necessário praticar certas técnicas ou trazer dispositivos especiais que bloqueiem o ruído e garantam silêncio durante a meditação.

Considere entrar em um grupo de meditação para poder aprender efetivamente os métodos de meditação antes de tentar meditar em ambientes diferentes. As técnicas e métodos que você aprende de um instrutor de meditação o ajudarão a atingir seus objetivos pessoais de meditação e exploração interior.

A meditação não precisa ser incrivelmente demorada. Faça questão de dedicar alguns minutos por dia aos seus objetivos de meditação e dedique algum tempo a refletir interiormente. De manhã é um excelente momento para começar a meditar, pois você fica mais à vontade durante esse período e sua casa, provavelmente, está mais silenciosa. Considere acordar antes de sua família para conseguir os minutos necessários para concluir com êxito a sua meditação. Isso é fundamental para homens e mulheres que tem filhos e acham difícil meditar em meio aos ruídos e pedidos das crianças.

Quando você estiver em movimento, não deixe suas práticas de meditação em casa! Considere comprar um par de fones de ouvido com abafadores de ruídos para bloquear o ruído dos trens, aviões ou automóveis. Isso dará a você maior sensação de paz e sossego para você continuar com suas técnicas de meditação. Trazer uma trilha sonora de meditação especial ou músicas familiares com as quais você também pode bloquear o ruído de fundo desnecessário para meditar.

A meditação pode ser uma excelente maneira de relaxar após um longo dia de viagem; portanto, considere dedicar um tempo para praticar suas técnicas quando chegar ao seu destino. Para pessoas que estão constantemente ligando para suas casasdos seus quartos de hotel, pode ser bastante fácil atrapalhar o seu espaço de meditação pessoal. Por esse motivo, leve consigo um pequeno token ou alguns itens para lembrá-lo de casa. Considere levar um cobertor, travesseiro ou tapete favorito para ajudá-lo em suas práticas de meditação. Além disso, traga uma fotografia de sua família ou amigos para aliviar a saudade de casa.

Use aromas para levá-lo para um mundo mais sereno. Aromaterapia tem sido usada em conjunto com a meditação há milhares de anos. Considere começar sua meditação com cheiros reconfortantes ou exóticos de incenso e velas. Se você for uma pessoa que está sempre em movimento, considere levar velas de viagem ou um frasco de óleo essencial que você pode deixar aberto para permear a atmosfera.

CAPÍTULO SEIS

EXPECTATIVAS E EXERCÍCIOS

"A maneira de fazer é sendo."
Lao-Tsé

Quando você inicia o processo de meditação, você precisa entender que precisa ter expectativas razoáveis. Caso contrário, você se decepcionará e isso vai contra todo o objetivo da meditação.

Você não pode esperar muito e depois se perguntar o que deu errado. Você ficará desapontado se criar muita expectativa e não conseguir cumprir todas elas imediatamente. Leva anos de prática antes de você se tornar um mestre e até mesmo os mestres estão melhorando suas técnicas o tempo todo. Nunca tome como certo que você aperfeiçoará a arte da meditação, pois sempre há espaço para melhorias.

Você deve entender que a meditação é uma mera ferramenta para remediar o estresse e não uma cura. É apenas uma forma de tratamento que ajudará a reduzir suas preocupações e a diminuir seus problemas. Você tem o poder em sua mente para fazer tudo isso, mas como você já tem alguns anos de vida, você deve estar ciente de que também construiu hábitos em seu comportamento que precisa superar para meditar com sucesso. Quanto mais tempo você dedicar ao processo de aprendizado, melhor se tornará nele e mais seu corpo se beneficiará com o que a meditação está fazendo. Lembre-se, em um capítulo anterior, mostramos a prova de que a meditação pode realmente fazer você se sentir mais jovem. Demorou um pouco para atingir a idade que você tem, portanto, dê o tempo necessário para que as maravilhas venham e não espere resultados instantâneos. Algumas pessoas alcançam uma sensação de bem-estar no início de sua experiência, enquanto outras precisam de mais tempo.

Ao contrário das drogas e do álcool, que atuam como meros curativos e ajudam a cobrir a ferida por algum tempo e depois o levam de volta à sua vida antiga, a meditação ajudará a reduzir seus problemas e não apenas mascará-los. Essa é uma habilidade muito valiosa para se ter. Isso alterará seu processo de pensamento e ajudará na produção de endorfinas. Essas endorfinas o manterão feliz e livre de estresse e quanto mais você meditar, mais essas endorfinas serão liberadas.

Portanto, é importante meditar regularmente e não simplesmente usá-la como uma ferramenta durante períodos de estresse.

O corpo não aceitará a prática se você interromper a meditação ou executá-la aleatoriamente. Você precisa estabelecer uma rotina e tornar a meditação um hábito.

E uma vez que se torne um hábito, sua mente não precisará se esforçar demais para fazer você meditar. Coloque a sua mente no piloto automático e apenas sente-see medite.

Você também deve se lembrar de meditar no mesmo horário diariamente, para que seu corpo se acostume. Você deve começar com o aquecimento, não importa o quão avançado você esteja na sua prática. Ao se aquecer, você não apenas adicionaráincentivo a sua prática, mas também desenvolverá a paciência para permanecer nela.

EXERCÍCIOS DE AQUECIMENTO PARA MEDITAÇÃO

O objetivo de se exercitar antes das sessões de meditação é ajudar o corpo a se adaptar à nova posição relaxada. Isso é muito fácil de fazer. Se você está simplesmente tendo uma sessão curta de meditação de atenção plena, isso não é tão necessário porque essa forma de meditação pode ser feita em um curto espaço de tempo. Assim, o exercício prolongaria muito esse tempo e diminuiria o tempo da meditação.

No entanto, se você quiser tirar o máximo de proveito de sua meditação, isso o ajudará porque tensionar o corpo e depois relaxardefine o clima para a prática perfeita da meditação.

MÃOS CONTRA A CABEÇA

Faça uma concha com suas mãos e aperte contra a sua testa. Isso deve ser feito com um pouco de pressão e com a mão semiaberta. Segure por alguns momentos. Em seguida, mova as mãos contra o rosto, o que obviamente é muito mais relaxante. Deixe as mãos lá por um momento.

O segundo exercício também envolve os punhos. Estenda as mãos na sua frente e faça um punho fechado. Em seguida, afrouxe o punho e estenda a mão como se estivesse recebendo algo. Isso ajuda a deixar as mãos muito mais relaxadas e ajuda a aliviar a raiva.

BRAÇOS

Neste exercício, mantenha um braço ao lado, paralelo ao seu ombro. Mova o outro braço para que ele atravesse seu peito e coloque a sua mão no outro braço logo acima da área das axilas. Agora inverta e faça o mesmo com o outro braço.

Coloque os punhos no pescoço, um em cada lado. Gire o braço usando o cotovelo para a frente cinco vezes e para trás cinco vezes. Isso ajuda a flexibilidade. Outro exercício que você pode usar é manter o braço à sua frente e, em seguida, segurar o outro braço, as duas mãos segurando o braço oposto, logo acima do nível do pulso. Circule os braços reunindo-os em direção ao seu corpo e circulando-os para longe do corpo e vice-versa. Isso é útil para se livrar de qualquer nó muscular.

UM EXERCÍCIO DE CABEÇA E PESCOÇO

Isso é particularmente útil se você tem muita coisana mente e ainda não está pronto para entrar no estado de meditação. Isso ajuda a aliviar os músculos ao redor da área do pescoço, que são particularmente propensos a dores causadas pelo estresse. Olhe para a direita, movendo a cabeça para que pareça por cima do ombro direito e depois mova-a para a esquerda, fazendo a mesma coisa. Mova a cabeça para olhar para cima e depois para baixo. São movimentos lentos que permitem que você sinta os músculos do pescoço relaxarem. Estes devem ser realizados cerca de 5 vezes para cada lado e uma vez para cima e para baixo.

EXERCÍCIOS CORPORAIS

Estes são feitos para dar ao seu corpo mais flexibilidade. Fique em pé com as pernas um pouco afastadas e sem tirar os pés do chão, incline o corpo para a direita, na área da cintura. Depois, volte à posição central e depois incline para o outro lado. Repita esses exercícios até dez vezes. Isso ajuda a afrouxar o nó na área do estômago e dá ao corpo mais flexibilidade.

EXERCÍCIOS DE ALONGAMENTO

Estes são particularmente benéficos antes de uma sessão de meditação. Estique as mãos acima da cabeça, incline-se para a direita e depois para a esquerda. O alongamento das pernas é particularmente relevante, pois isso ajudará você a manter as poses de meditação que podem ajudar sua experiência. Para alongar as pernas, você precisa manter os pés juntos e ficar em pé. Em seguida, abaixe-seaté tocar os dedos dos pés. Abaixe o quadril até ficar uma posição agachada e, em seguida, levante-se gradualmente até esticar os braços e novamente tocar os dedos dos pés.

Pode parecer muitos exercícios, embora sejam muito simples de executar e existem mais exercícios caso você precisar deles apenas para alongar a área do corpo onde você encontra mais estressado. Por exemplo, estique os braços em direção ao céu, se você tiver ombros pesados e faça movimentos circulares com os braços. Se o pescoço doer, incline a cebeça para a frente o máximo que puder, esticando os tendões na parte de trás do pescoço, colocando o queixo no peito. Então, levante lentamente a cabeça até que você esteja olhando para cima o máximo que puder. Repita esses exercícios várias vezes até sentir o benefício do exercício e ficar suficientemente relaxado para meditar.

CONCLUSÃO

Agradeço mais uma vez por adquirir este livro e espero que você tenha lido bem e que ele tenha ajudado a sua compreensão da meditação.

Com os esforços aplicados para escrever este livro, espero ter, pelo menos, influenciado você, em certa medida, a experimentar as práticas de meditação descritas no livro. Algumas delas serão menos práticas para você tentar do que outras e você decidirá qual caminho seguir ao escolher um sistema de meditação que funcione para você.

No capítulo 1, analisamos as várias questões relacionadas à meditação e respondemos a cada uma delas para te dar uma ideia justa do que é esse conceito. Essas eram perguntas comuns feitas por pessoas que querem saber mais sobre a meditação, mas são limitadas sobre se isso será adequado para elas. As perguntas são respondidas de maneira clara e direta, para fornecer o máximo de informações possíveis. Por sua vez, isso pode ajudá-lo em sua jornada para decidir se deve incorporar a meditação ao seu estilo de vida. Você ficará muito feliz por fazê-lo, se decidir praticar meditação, pois há claramente muitos benefícios na prática constante.

No capítulo 2, focamos no que a meditação pode fazer por seu corpo e demos uma perspectiva geral do que esperar de sua experiência com meditação. Introduzimos os conceitos que abordaremos no livro, incluindo os conceitos básicos de meditação. Essencialmente, apresentamos os benefícios da meditação e o porquê este livro deve ser o número um da sua lista!

Parte 2

Introducción

La meditación tiene la capacidad y el potencial para alterar completamente su vida, si se hace correctamente. Este libro tiene un doble propósito. Está diseñado para convencerle de que la meditación es algo que debería implementar inmediatamente en su vida y para enseñarle los fundamentos de las técnicas apropiadas de meditación. Como psiquiatra veterana, puedo decirle con confianza que CUALQUIERA puede beneficiarse de la meditación diaria. Las personas tienen la tendencia de estresarse tan tensamente que eventualmente 'estallan.' La meditación le permite relajarse lentamente con el tiempo y le muestra como calmar su mente para que nunca más se estrese tan tensamente otra vez.

Este libro no ha sido escrito con la intención de 'decirle' como debería estar meditando, sino más bien para ofrecerle sugerencias útiles que usted puede escoger implementar, o no. La llave de la meditación es tener en cuenta que es una experiencia enteramente personal. Nadie puede decirle que usted está meditando de la manera equivocada. Cada individuo medita de manera diferente y eso está totalmente bien. La meditación simplemente sirve como un medio para un fin; siendo este fin un comportamiento más calmado, disminuir el estrés generalizado y una mente más pacífica. Realmente no importa cómo llegue a este fin, mientras eventualmente llegue allí.Para algunos, obtener más paz en sus vidas sólo puede suceder si se lanzan en paracaídas una vez al mes, dándoles un torrente de adrenalina que los calma por completo.Sé que suena contradictorio, pero esto es personalmente una de las cosas que yo hago para calmarme.Encuentro que luego de un enorme torrente de adrenalina todo lo demás en la vida parece menos importante.Sin embargo como usted esta leyendo este libro, asumo que su interés no está en el paracaidismo, sino en la meditación.Junto con el paracaidismo una vez al mes, medito dos veces al día, sin importar qué. Mis sesiones duran alrededor de 15-20 minutos y realmente hacen la diferencia en mi vida. Les recomiendo la meditación a todos mis pacientes y muchos de ellos han visto un gran éxito con esta práctica.

Creo que la principal razón por la cual las personas no ven resultados con la meditación es porque no se comprometen completamente a una rutina estricta de meditación, y cuando meditan no se permiten a sí mismos perderse en la experiencia. Para tener una experiencia de meditación exitosa debemos desconectar cualquier distracción, ¡incluyendo teléfonos celulares y computadoras! La meditación es una práctica ancestral y ¿Por qué usted cree que ha permanecido por tanto tiempo en este planeta? Porque realmente obra maravillas en el bienestar mental y físico.La meditación hará su vida mejor si la hace todo el tiempo.En mi opinión, la mejor parte sobre la meditación es que es gratis y literalmente cualquiera puede comenzar a hacerla inmediatamente.La mente humana es una herramienta inmensamente ponderosa, tiene el poder de mejorarnos, o destruirnos.

Dominar su mente es más sencillo de lo que usted cree si está dispuesto a dedicarle tiempo. Meditando frecuentemente se permite a si mismo familiarizarse con su mente. Esto podría sonar extraño ya que usted podría pensar que ya está familiarizado con su mente, pero piénselo otra vez. La vida moderna se ha vuelto tan imparable y ocupada que la mayoría de nosotros no tenemos tiempo para relajarnos realmente.La idea de relajarse de la mayoría de las personas incluye ver programas en la televisión, escuchar música y otras actividades similares. Aunque estas actividades pueden ser divertidas, no lo están haciendo una persona más atenta. Para la mayoría de las personas, el único momento que pasan a solas con sus propios pensamientos son los pocos minutos antes de quedarse dormidas. ¿Nunca se ha despertado luego de un sueño y se ha sentido como si estuviese totalmente renovado y como si tuviese todas las respuestas a las preguntas que tenía? Eso es lo que la meditación puede hacer por usted todos los días si domina este arte. Permítame llevarlo a través de los fundamentos del mágico arte de la meditación. ¡Su verdadera paz y felicidad es justo a la vuelta de la esquina!

Capítulo 1: Medite, no Medique

Mantener la calma en situaciones estresantes puede ser increíblemente difícil. Estamos plagados con cuotas diarias de estrés cada día. El estrés puede tener un impacto en todos los aspectos de nuestras vidas. Desafortunadamente, cuando nos enfrentamos a una gran cantidad de estrés, usualmente no sabemos cómo lidiar con estas situaciones. Durante nuestras vidas pueden ocurrir ciertas situaciones que no sólo nos llenen de una inmensa cantidad de estrés, sino que también nos dejan cicatrices bastante duraderas. Mientras que un estrés menor es normal, si usted está enfrentando una gran cantidad de estrés que afecta su vida diaria, debería encontrar formas de reducir este estrés. Para algunos, la solución para lidiar con el estrés podría ser diferente a los demás. Algunos individuos podrían elegir visitar su centro de salud local y solicitar medicamentos ansiolíticos y antidepresivos. Aunque estos medicamentos lo atontarán y no lo dejarán sentir la misma cantidad de estrés que podría haber estado sintiendo antes, no debería recurrir a la medicación para aliviarse inmediatamente. Afortunadamente, hay otras alternativas naturales que pueden y deberían ser utilizadas en lugar de agresivos medicamentos llenos de químicos. Usted quiere resolver el problema desde la raíz; no disimularlo atontando sus sentidos.Solucionar con parchos sólo lo ayudará hasta que el verdadero problema levante su horrible cara. Alternativas tales como las saludables vitaminas, el ejercicio y la meditación, y otros remedios naturales son grandes soluciones para el estrés, la ansiedad y la depresión. Ejercitar mentalmente su cerebro a través de la meditación también ayuda a disminuir los síntomas de la ansiedad, el estrés y la depresión de una manera saludable y controlada.

Existen fundamentos básicos para meditar que deben ser seguidos. Estos fundamentos incluyen pero no se limitan a; liberar su mente de pensamientos y preocupaciones, sentarse en una posición cómoda, conseguir un espacio tranquilo, respirar profundamente y enfocarse. La meditación es en efecto un ejercicio mental que le permite a un individuo enfocarse en un estímulo, ya sea una palabra, un lugar, un individuo, un sentimiento o en la nada. Una persona debe permanecer quieta durante la meditación y mantener su mente concentrada en una cosa. Parte de la razón por la cual la meditación funciona tan bien con la ansiedad y la depresión es porque le ayuda a uno a ganar control. Cuando un individuo esta plagado con un desorden de ansiedad, con frecuencia no se sienten bajo control. Estos individuos no sienten que tengan el control de sus propios sentimientos, acciones, o el mundo al rededor de ellos. Por ejemplo, una persona con desorden de ansiedad puede tenerle mucho miedo a tomar un vuelo pero escoge hacerlo de todas formas. Una vez en el aire, puede comenzar a tener un ataque de pánico. Durante este ataque de pánico hay un millón de pensamientos que estarán pasando por su mente.Uno de estos pensamientos puede ser que no controla el avión. ¿Y si quisiera salir del avión? Bueno, no puede porque el avión esta en el aire y la única forma de bajar es aterrizar. ¿Y si enloquece y ocasiona una escena con los otros pasajeros y las aeromozas porque es incapaz de controlar sus propias emociones? Todos estos son pensamientos que pueden pasar por la mente de un individuo que tiene un desorden de ansiedad. La falta de control es lo que realmente lo convierte en un desorden abrumador. Cuando está ansioso, por lo general aumentan los latidos de su corazón y también aumenta su presión sanguínea. Con la meditación, a través del tiempo, tendrá la posibilidad de enseñarse a si mismo a mantener la calma en todas las situaciones.Aprender técnicas de meditación que puedan ser usadas a diario es increíblemente útil para aquellos que sufren de ansiedad ya que comienzan a sentirse más al control de las situaciones cuando son capaces de controlar lo que sucede dentro de sus cuerpos. La meditación no sólo beneficia a las personas con desórdenes mentales sino que ¡puede ser un agregado asombrosamente útil para la vida de cualquiera!

Cuando usted entra en pánico, pierde el control. Puede comenzar a hiperventilar, puede sudar, los latidos de su corazón aumentarán y usted será incapaz de pensar correctamente. La meditación realmente puede enseñarle cómo controlar sus pensamientos y su cuerpo perfectamente. Cundo aprende nuevas formas de controlar sus emociones y pensamientos automáticos, es menos propenso a tener ataques de pánico. El pánico con frecuencia lleva a pensamientos de muerte de otras personas, o de morirse y a otros pensamientos que son anormales y por lo general, altamente desagradables. ¿Se estrellará este avión? ¿Moriré hoy de un infarto? ¿Y si enceguezco cuando esté conduciendo a casa y choco? Estos son todos pensamientos irracionales pero reales, en los que una persona con desorden de ansiedad puede empezar a pensar durante un ataque de pánico, o en el principio de su día a día. Una vez que sea consiente de cómo reemplazar sus pensamientos negativos llenos de preocupación y miedo con pensamientos positivos, la cantidad de ataques de pánico y el estrés general que tiene disminuirán significativamente. Elimine los pensamientos nocivos llenos de peligro y miedo con acciones y pensamientos positivos a través de la herramienta de la meditación. Meditar a diario ayudará a prevenir ataques de pánico así como disminuirá sus niveles diarios de estrés.

Con frecuencia nos abrumamos tanto por la vida que olvidamos relajarnos. Cuando no podemos relajarnos, tomamos una píldora para ello. Tomamos una píldora con el objetivo de conciliar bien el sueño durante la noche pero cuando despertamos y no tenemos nada de energía, tomamos una píldora para eso también. Aprender técnicas de meditación puede eliminar fármacos nocivos de su vida y animarlo a tener un estilo de vida saludable. Una vez que comience a meditar, puede que entonces quiera comer mejor y comience a ejercitarse más también. Personalmente no me gusta hacer ejercicio en las mañanas hasta no haber hecho al menos 10 minutos de meditación. Incorporar una dieta saludable con la meditación y una buena rutina de ejercicio es la mejor receta para una mente saludable, un cuerpo saludable, y un alma saludable. Gane el control de su vida a través de la meditación y elimine la energía y los pensamientos negativos.

Cuando medita, puede observarse a si mismo. Puede realmente pensar en usted mismo como persona. Este tipo de evaluación introspectiva es increíblemente importante para el desempeño personal y laboral. Cualquier cosa que queramos lograr u obtener puede suceder siempre y cuando pongamos nuestras mentes en ello. La meditación nos anima a desensibilizarnos de cualquier pensamiento negativo o restricciones que pudiéramos tener. Cualquier miedo, preocupación o inquietud puede ser eliminado de nuestras vidas a través de la meditación. En lugar de tomar un viaje al doctor por una prescripción, tome una esterilla, encuentre un lugar tranquilo, enfóquese, respire y aprenda a relajarse. Se sorprenderá de lo que se puede lograr cuando simplemente pone su mente en algo y se enfoca profundamente sin ninguna distracción exterior o pensamientos nocivos. Despréndase de cualquier negatividad en su vida y aprenda cómo manejar las situaciones apropiadamente a través de autoevaluaciones y observaciones. Cuando entendemos lo que estamos haciendo y porqué lo hacemos, se vuelve más sencillo eliminar esas acciones negativas de nuestras vidas. No se consuma y se abrume por sus problemas. Entiéndalos y elimínelos.

Capítulo 2: Libere su Mente y Enfóquese

¡Enfóquese! ¡Enfóquese! ¡Enfóquese! Incluso si en la nada. No importa qué tanto lo intentemos, a veces, es frecuente que se nos vuelva increíblemente difícil enfocarnos en lo que está en frente de nosotros. Habiendo dicho esto, cuando estamos tratando de meditar, este problema definitivamentepuede presentar un obstáculo en el proceso. La meta es, o liberar su mente de cualquier y todo pensamiento, ya sean positivos o negativos, o enfocarse estrictamente en pensamientos positivos. Cuando esté enfocado y calmado su vida mejorará, es realmente así de simple. No pase la vida constantemente estresado y bajo presión cuando no tiene que hacerlo. Aunque se pueda sentir abrumado en ocasiones, como si no hubiese salida, afortunadamente, sí la hay.

Hay algunos fundamentos relacionados con el proceso del enfoque y la meditación, la primera cosa que usted querrá hacer es asegurarse de dormir una cantidad suficiente de tiempo cada noche. Ahora, esto es obviamente más sencillo de decir que de hacer. Tenemos niños, tenemos que trabajar hasta tarde y a veces incluso tenemos insomnio. Desarrollar un mejor ciclo de sueño le ayudará a ser un individuo equilibrado por completo.Algunas personas sobreviven del café y píldoras energéticas para seguir adelante y seguir avanzando a lo largo del día, de cualquier manera estas alternativas no son siempre las mejores soluciones o las más saludables que hay. La meditación no sólo puede enseñarle cómo enfocarse sino que también incrementa la cantidad de energía que tenga a lo largo del día.

Cuando comienza a meditar al principio de su día a día, se convierte más en una rutina. También se hace más sencillo meditar cuando lo incorpora a su rutina diaria. Mientras más medite, más efectivo es el proceso. Si usted intentó meditar una vez y se le hizo difícil, está bien.Nos toma tiempo adquirir las habilidades necesarias cuando intentamos tener una experiencia de meditación saludable. Para meditar efectivamente, hay algunos pasos que se deben seguir con el objetivo de lograr el efecto completo de la meditación y las cosas increíbles que puede hacer por nuestra mente, nuestro cuerpo y nuestra alma.

Dormir lo suficiente, como se discutió antes puede ser difícil pero definitivamente es posible. Afortunadamente, somos capaces de enfocarnos mejor al dormir poco, cuando somos más jóvenes. De cualquier forma cuando envejecemos, esto suele cambiar. Una vez que entramos a la adultez, si realmente queremos ser productivos en la vida debemos enfocarnos en dormir lo suficiente por tantas noches a la semana como sea posible. Dormir entre siete y ocho horas durante la noche usualmente es lo mejor. Tenga en mente que usted no querrá dormir menos de siete-ocho horas, o más de siete-ocho horas porque dormir demasiado también puede afectarlo de forma negativa. Para algunos de nosotros puede ser difícil lograr esto y dormir por esta cantidad de tiempo.

Tenemos niños, parejas que roncan, y otros disturbios a los que podemos estar enfrentándonos durante la noche. Asegurarnos de que recibimos la cantidad adecuada de sueño cada noche es crucial para el proceso de meditación. Encontrar el tiempo para dormir es difícil pero debe, o establecerse una hora para dormir, o encontrar tiempo durante el día para tomar siestas para intentar recuperar las horas de sueño perdidas durante la noche. De cualquier forma que lo haga, asegúrese de que sus patrones de sueño seanoportunos, consistentes y efectivos.

Eliminar las distracciones es otro aspecto importante de la meditación. La meditación se trata por completo de relajarse. La meditación lo lleva a encontrar paz con usted mismo y con su mente. Si hay ruidos estridentes, conversaciones, u otras cosas sucediendo alrededor de usted, será muy difícil que se enfoque. Mientras esté meditando intente permanecer en la zona. Debe desintonizarse de lo que esté a su alrededor. Apague su teléfono celular y cualquier televisor que pueda estar cerca y sólo piérdase en usted mismo.

Cuando sea capaz de desintonizarse del mundo, comenzará a verdaderamente entenderse a usted mismo.Encuentre su zona. No piense en el tiempo, el espacio, que será de la cena o la limpieza del hogar, piérdase en el momento de la meditación. Frecuentemente estamos tan ocupados con nuestras vidas normales y la rutina que aclarar nuestras mentes es increíblemente difícil. Cuando nos enfocamos en la vida, la escuela, nuestros hijos, el trabajo y otras cosas que toman nuestro tiempo y energía, es difícil dejar ir esos pensamientos, incluso si es por un corto tiempo.

Una manera de animarse a la meditación es llevar a cabo esta actividad unas cuantas veces al día. Ahora, sé que esto puede parecer extremo, pero no lo es. La meditación usualmente requiere una cantidad significativa de tiempo, digamos 10-20 minutos más o menos, dicho esto, no tiene que ser así. Cuando pasamos de un área de nuestras vidas a otra, se vuelve difícil para nosotros procesar esto. Por ejemplo, cuando salimos del trabajo y vamos directo al modo mami/papi o esposa/esposo en casa, podemos sentirnos abrumados, como si el trabajo nunca terminara. Intente tomar unos cuantos minutos a diario luego de cada fase transicional para meditar. Durante este tiempo se pueden hacer cantidades cortas de meditación. Tómese unos cuantos minutos y deje su ´yo´ del trabajo atrás, ordene sus ideas y deje ir esa parte de su día por completo antes de entrar en su siguiente fase transicional.

Trabajar solo puede ser increíblemente abrumador. Debemos encontrar tiempo en nuestro día para ver el final de nuestro día de trabajo y entonces prever que nos aguarda en casa. Dicho esto, debe darse ese tiempo dentro de la fase transicional para ordenar sus ideas y procesar sus siguientes pasos. Cuando cambia nuestro entorno, también lo hacen nuestros pensamientos, sentimientos y acciones. Este momento puede ser utilizado para dejar atrás cualquier energía negativa que se pudiera haber desarrollado en el trabajo, y comenzar renovado con la nueva transición. Intente tomarse el tiempo mientras viaja diariamente al trabajo y de regreso de éste para dejar ir cualquier energía negativa. Si está de camino al trabajo, intente no pensar en la discusión que tuvo con su ser querido esa mañana o en lo que necesita hacer cuando regrese a casa. Libere su mente de cualquier pensamiento, de esa manera será capaz de comenzar su día de trabajo con el tablero en blanco.

Intente concentrarse en áreas positivas y saludables mientras esté manejando. Esta es su zona. Su zona puede ser cualquier cosa,desde una isla desierta a una tranquila cabaña en las montañas. Esta acción hace alusión a la meditación visual. Cuando somos capaces de visualizar una idea o lugar y enfocarnos solamente en ese lugar, esto es considerado meditación visual.

Este tipo de meditación es efectivo ya que nos permite imaginar y visualizar lo que queremos en nuestras metes. Podemos,o visualizar un lugar en el que queramos pasar nuestras vidas, o tal vez unas vacaciones.Cual sea y donde sea que pueda ser este lugar, asegúrese de que sea capaz de liberar su mente cuando esté pensando en este hermoso lugar.

Siendo completamente honestos, pasará momentos increíblemente difíciles meditando si es incapaz de liberar su mente de los pensamientos cotidianos. Esto es algo que debe practicar y tomará tiempo. Sea paciente, con el tiempo entrenará su mente para despejarse cuando sea el momento indicado.

Capítulo 3: El Entorno lo Es Todo

Hay varios factores que hacen a la meditación efectiva. Un factor es el entorno en el que está ocurriendo la meditación. Es importante recordar que el ambiente de la meditación puede ser diferente para cada uno. Por ejemplo, algunos individuos pueden escoger meditar afuera, algunos individuos querrán meditar mientras practican yoga en una clase de yoga y otros pueden ser capaces de simplemente dejarse caer en su sala de estar, apagar la televisión y meditar. El proceso completo de meditación, aunque involucra diferentes factores, básicamente depende del entorno en el que se lleve a cabo. Probablemente no verá a un individuo meditando en el medio Disneylandia.Podría hacerlo, pero la probabilidad de que esto suceda es muy baja. Lo primero que necesita cuando medita, es un lugar tranquilo. Este lugar tranquilo puede ser cualquier parte en la que se sienta cómodo.No deje que las distracciones se interpongan en su proceso de meditación.La mayoría de los individuos necesitan un área tranquila libre de otras distracciones e individuos para realmente poder sumergirse en el proceso de meditación. Ya sea su familia o amigos, perro o gato, las distracciones pueden y muy probablemente, se interpondrán en su sesión de meditación libre de estrés.

Si realmente quiere fomentar el ambiente para meditar libre de distracciones, discútalo con su familia, amigos, compañeros de cuarto, o quien sea que pueda interrumpir este proceso. Programar una hora en específico del día para meditar es una buena manera de comenzar con esto. Si tiene un compañero/a de cuarto por ejemplo, déjele saber que cada noche a las 8:00PM estará meditando. Si es necesario, coloque un letrero de no molestar en la puerta si siente que se le podría olvidar. Cuando tiene expectativas y es proactivo al fijar el escenario para sus técnicas de meditación, tiene más probabilidad de alcanzar su meta. Ahora, dicho eso, tenga en cuenta que puede hacer todos los arreglos del mundo y aún así no ser capaz de controlar todo lo que suceda.Puede estar en un fantástico ciclo de meditación cuando su vecino decide hacer una fiesta a las 8:00PM con música increíblemente ruidosa y un montón de gente. Ahora, si eso sucede, está bien, puede que no sea capaz de tener una sesión de meditación completaesa noche, así que sólo asegúrese de exprimir un poco de tiempo para meditar en la mañana del día siguiente para compensarlo y relajarse.

Otro método, si algo como esto sucede, es intentar desintonizarse de los ruidos exteriores.Esta es una verdadera prueba de qué tan bien es capaz de meditar y cerrarse al resto del mundo.Puede que no sea posible para todo el mundo hacer esto, sin importar cuanto tiempo lleven meditando pero vale la pena intentar.

Intente enfocarse en su respiración y en sus pensamientos internos y desintonice los ruidos externos. ¡Podría descubrir que es capaz de meditar a pesar de todo el ruido y la fiesta alocada de al lado! Tenga en cuenta que esto tomará mucho esfuerzo en enfocarse y concentrarse y puede que no esté a ese nivel todavía. Si no esta a ese nivel, está bien, ¡al menos lo intentó! Con el tiempo, lo estará. Si lo desea podría incluso buscar entornos ruidosos a propósito para realmente probar sus habilidades de meditación.

Una vez que sea capaz de eliminar la mayoría de los ruidos y disturbios a su alrededor, lo siguiente que querrá hacer es identificar un área específica de meditación en el que llevará a cabo la meditación. Ahora, este sitio ideal será diferente para todos los individuos, pero hay algunas pautas comunes que debe seguir. Por ejemplo, tener un área limpia donde pueda meditar. Es importante recordar que la meditación involucra liberar su mente y su cuerpo de cualquier cosa que le pueda estar impidiendo avanzar o bloqueándolo de otras cosas.Si el espacio en el que se encuentra esta sucio y desordenado,será difícil organizar su mente, si lo que esta viendo tambiénesta lleno de desorden. Dicho esto, no necesita pulir el área con sus manos todos los días, de cualquier forma, es importante mantener al área limpia y ordenada.

Mantener su espacio limpio y organizado le ayuda a mantener su mente organizada y limpia también. Aunque puede que no sea capaz de controlar la situación de su vivienda, de cualquier manera puede limpiar por usted y por los demás para asegurarse de estar viviendo en un área razonablemente limpia. La meta de la meditación es despejar las ideas y pensamientos negativos mientras equilibra su mente, cuerpo y alma. Dicho esto, organizar su mente también involucra organizar su casa o el espacio en el que vive. Si está intentando encontrar un lugar para sentarse en el suelo y meditar y no puede por la cantidad abrumadora de suciedad y basura que hay en el suelo, bien, esto es definitivamente un problema. Dicho esto, aunque la mayoría de los individuos se sientan en el suelo para meditar, en realidad puede sentarse en cualquier parte mientras esté cómodo, porque ¡la comodidad es la llave! Si no esta cómodo, no será capaz de enfocarse y buscar realmente dentro de usted. Si esta incómodo físicamente, tampoco será capaz de estar cómodo en su interior. Personalmente tengo una pequeña cabaña río abajo y he dedicado ese lugar para que sea mi zona de meditación. Intente ser consistente con su zona de meditación, ya que esto le permitirá relajarse tan pronto como entre a su ambiente elegido.

Mientras meditan, algunas personas pueden elegir sentarse con sus piernas cruzadas, también conocida como la posición de loto, o simplemente puede sentarse en un sofá, cama o silla. En donde sea que se siente, debe estar lo suficientemente cómodo para permanecer en esa posición y mantener su mente en esa posición también. Si está cómodo será capaz de enfocarse en lo que está sintiendo en su interior, no estará enfocado en lo que esté sintiendo en el exterior. Es muy importante que escoja la comodidad en lugar de intentar hacer lo que hacen todos los demás. Si está cómodo en el sofá y no en el suelo, pero ha visto a la mayoría de los demás individuos meditando en el suelo, ¡no importa! Haga lo que sea mejor para usted. Mientras su cuerpo esté cómodo, puede meditar en cualquier parte. Buscar eliminar tantos estímulos exteriores como sea posible es una parte vital de la meditación.

Si es lo suficientemente afortunado para tener un cuarto de más, intente convertirlo en su propio cuarto de meditación. Haga de este espacio su zona libre de preocupaciones y estrés. Cualquier pensamiento o sentimiento negativo que tenga, déjelos tras la puerta y no los deje entrar a esta habitación. Añadir velas, aroma terapia y fragancias delicadas como lavanda y salvia traerá paz y una sensación de calma a la habitación. Aunque esto no sea posible para todos nosotros, si tiene la capacidad de tener un cuarto de meditación lo primero que debe hacer es asegurarse de que sea la habitación más limpia de su casa. Si es lo suficientemente afortunado para tener una habitación de más, no comience a usarla como un área de almacenaje para su chatarra, esta debe ser un habitación libre de chatarra. Debe ser un espacio abierto en el que pueda entrar en un estado de concentración tan profundo que nada más importe.

Tanga en cuenta que, aunque usted desee que el espacio esté limpio, también querrá asegurarse de tener todos los objetos de meditación necesarios en la habitación. Lo primero que necesitará (si es cómodo para usted) es un tapete para yoga. Puede comprar un tapete para yoga casi en cualquier parte hoy en día y no son demasiado costosas.Los tapetes para yoga vienen en diferentes colores y texturas así que encuentre uno que se adapte a usted. Antes de comprar el tapete, pruebe sentarse en él para asegurarse de que sea cómodo. Si quiere, y puede costearlo, compre unos cuantos tapetes de yoga para que pueda alternarlos y descubrir cuál de ellos le funcionará mejor. El tipo de tapete para yoga que compre dependerá básicamente del tipo de meditación que haga. Por ejemplo, si su tipo de meditación en específico involucra un tipo de yoga en específico como Bikram Yoga, asegúrese de que el tapete que escoja sea para Bikram Yoga. No querrá intentar hacer Bikram Yoga en un tapete de ejercicios regulares. Aunque sea posible, no hará la experiencia muy positiva. Cuando se trata de meditar, querrá asegurarse de estar siguiendo los pasos correctos. Eche un vistazo a cualquier tienda deportiva o busque en línea para comparar precios y encontrar ¡el mejor tapete para usted! Pero como se dijo anteriormente, no necesita un tapete si elige meditar en un sofá o en la cama, etc.

Ahora, echemos un vistazo a la temperatura de su habitación. Lo primero que querrá hacer es asegurarse de que su temperatura esté al rededor de 70 grados. La meta aquí es asegurarnos de que la temperatura no sea demasiado calurosa o demasiado helada ya que esto puede ser un distractor. Si está intentando meditar y se está congelando en la habitación, no será capaz de concentrarse, sólo será capaz de pensar en tomar un abrigo y envolverse. Si la habitación es demasiado calurosa, esto también será una distracción frustrante.

Fije el termostato en una temperatura agradable y asegúrese de que permanezca allí. Junto con la temperatura, verifique también la iluminación del cuarto. Intente dejar la habitación con iluminación natural, ya que la parte más importante de la meditación es sentirse uno con a naturaleza. La luz natural debería ser más que suficiente iluminación para meditar. Si medita durante la noche, asegúrese de tener una pequeña cantidad de luz en la habitación. No querrá que la habitación este tan iluminada que se sienta bajo un interrogatorio. Mantenga la iluminación como la temperatura, en un punto medio y estará bien. Sólo tenga en mente la palabra "calma" y deje que le guie cuando prepare su habitación.

Recuerde, con la sensación de calma vienen áreas limpias y puras, libres de adornos y desorden. Las habitaciones para meditar no necesitan estar decoradas. Con el fin de crear un ambiente más natural, intente añadir un sistema de parlantes al cuarto. Encuentre una estación relajante y presione reproducir. Tal vez esté escuchando las olas del mar o una corriente de agua bajando la montaña, lo que sea, asegúrese de que sea clamado y con eso me refiero que, no querrá intentar meditar con los éxitos musicales de Jay-Z o Kanye. Asegúrese de que la música sea natural y pacífica y llena de naturaleza.

Enfóquese en un espacio limpio y abierto, la temperatura perfecta y sonidos naturales y ¡estará listo para meditar y encontrar a su yo interno! Mejor aún, intente meditar afuera en la naturaleza. La meditación en exteriores es la preferida por muchas personas y le recomiendo fuertemente que o intente. Yo encuentro que meditar a orillas de un río o una playa son los mejores lugares para ir. El sonido del agua en movimiento se vuelve muy relajante y tiende a bloquear cualquier otro potencial sonido distractor en el área.

Capítulo 4: Libérese y Sólo Respire

Durante las prácticas de meditación, la respiración lo es todo. Aprender a controlar apropiadamente su respiración durante la meditación es crucial para lograr momentos de meditación exitosos. La meditación no es simplemente sentarse y zumbar con las piernas cruzadas. Se requiere mucho más en la meditación para realmente ser capaz de recibir el efecto completo de esta técnica. Las técnicas de respiración se utilizan para calmar todo su cuerpo.La respiración en la meditación se utiliza para encontrar paz y serenidad interior en mente y alma.

La única manera de que la meditación realmente funcione es que libere su mente de distracciones, se enfoque y respire.Cuando liberamos nuestra mente, somos capaces de respirar profundamente. Por ejemplo, cuando estamos estresados y bajo presión, nos tensamos. Cuando nos sentimos tensos, no somos capaces de respirar profundamente. Primero querrá asegurarse de que su postura sea la correcta.Si esta sentado desgarbadamente, no será capaz de inhalar profundamente.Encuentre una posición cómoda para sentarse, siéntese correctamente y comience a practicar sus técnicas de respiración.

Lo primero que debe hacer es poner atención en cómo esta respirando. Cuando comience a meditar, su foco es su respiración. Respirar profundamente y desde abajo es importante ya que ayuda a relajar su cuerpo. Tenga en cuenta que no será sencillo al principio. Tendrá que desintonizarse de todo en su entorno, tendrá que liberar y despejar su mente y sólo pensar y enfocarse en su respiración. Enfocarse en su respiración es mucho más sencillo decirlo que hacerlo, especialmente para alguien que esta constantemente ocupado y lleno de energía.

Meditar toma tiempo y práctica, específicamente, aprender a respirar efectivamente toma tiempo y una gran cantidad de práctica. Cuando comience a enfocarse en su respiración, comenzará a ser consciente de la cantidad de diferentespensamientos que pasan por su mente cada día y a cada momento. No nos damos cuenta de cuantos pensamientos tenemos en mente hasta que intentamos y los desintonizamos. Al principio será difícil no sumergirnos en estos pensamientos, en efecto, al principio es muy duro no dejar su mente divagar por estos pensamientos, pero con el tiempo será capaz de hacerlo con poco esfuerzo.

Aquí es donde entra en juego una gran cantidad de disciplina. Debe disciplinarse a usted mismo y a su mente y recordar que en ese momento sólo está enfocado en la manera en la que está respirando. Si encuentra que su mente continúa divagando, comience de nuevo. Comience de nuevo tantas veces como lo necesite hasta que sea capaz de enfocarse solamente en cómo está respirando. Con el tiempo, esta práctica de respiración permitirá que sus pensamientos perturbadores se disuelvan.

No dominará sus técnicas de respiración en una noche. La respiración, en la meditación, es uno de los primeros escalones de la meditación profunda pero puede ser increíblemente poderosa. Inmediatamente, una vez que seamos capaces de enfocarnos solamente en nuestra respiración y podamos eliminar todos los demás pensamientos de nuestra mente, comenzaremos a encontrar paz interior. Una gran parte de nuestro estrés es creado por nuestros pensamientos y miedos.Cuando nos encontramos enfocados en estos pensamientos y meditamos, enfocarnos en nuestra respiración y dejar ir esos miedos se vuelve sencillo y comenzamos a ganar más control sobre lo que va y viene por nuestra mente.

Encontrar una cantidad significativa de profunda satisfacción y felicidad puede ser logrado simplemente haciendo diez minutos de respiración profunda con la meditación todos los días. Cuando meditamos y nos enfocamos en nuestra respiración tendemos a sentirnos más calmados y relajados. Soltarnos de tensores innecesarios a través de la respiración en la meditación fomenta una mente libre y abierta que no está dispuesta dejar entrar la negatividad. Los problemas de salud frecuentemente son causados y/o detonados por el estrés. Saber que estos problemas pueden ser evitados o eliminados a través de la meditación podría ser un gran incentivo para que la gente se enfoque en sus habilidades de meditación.

Cuando esté practicando la respiración profunda,la técnica apropiada a usar es, inhalar por su nariz (el abdomen se expande mientras lo llena de aire), exhalar por su boca (el abdomen se desinfla mientras dejasalir todo el aire). Intente inhalar por cinco segundos y exhalar por cinco segundos. Haga esto por un minuto entero y luego repítalo, esta vez inhalando por diez segundos y exhalando por diez segundos. Observe qué tanto puede inhalar y exhalar sin entrar en pánico y sin perder su ritmode respiración.

La clave es permanecer en calma y asegurarse de que entre la máxima cantidad de aire durante la inhalación para que tenga bastante aire para expulsar una vez que exhale. Una vez que logre inhalar por treinta segundos y exhalar por treinta segundos, es probable que encuentre que se está volviendo muy difícil. Enfóquese en permanecer en calma y en respirar de la manera más eficiente posible y con la práctica pronto estará inhalando por un minuto y exhalando por un minuto, ¡o quizá incluso más!

Capítulo 5: Meditación Transcendental

La meditación transcendental es una forma de meditación común quepuede ser utilizada para tratar distintos tipos de dolencias. Este tipo de meditación se enfoca en evitar pensamientos negativos o perturbadores. Debería aliviar su mente el sólo saber que se puede hacer algo para eliminar y reducir los síntomas asociados a la menopausia.Una manera en la que se puede lidiar con la menopausia es a través de la meditación.

Todos los individuos pueden utilizar este tipo de meditación.Ha tenido una inmensa cantidad de éxito en todas las áreas y tambiénes la forma de meditación más ampliamente investigada hoy en día. Un instructor bien entrenado usualmente enseña este tipo de meditación. Para ser un instructor de meditación, simplemente debe amar su arte y literalmente practicar lo que predica. La práctica es la clave para éste y otros tipos de meditación. Sin la práctica, no será exitoso. Una de las diferencias de este tipo de meditación es el hecho de que se enfoca en el canto de salmos en lugar de sólo en la visualización.

Se enfoca un mantra o una visualización con el fin de disminuir el estrés, eliminar la ansiedad y trabajar en la introspección. Hay una técnica específica relacionada con la meditación transcendental. Lo primero que debe hacer es sentarse con sus ojos cerrados. Luego, se imaginará un mantra por 15-20 minutos.Este tipo de meditación ha sido visto tanto como religioso como no religioso, de cualquier manera se sigue practicando al rededor del mundo.Aprender a realizar este tipo de meditación requiere de la instrucción correcta. Escoger un mantra es una decisión totalmente personal. Hay varios mantras ancestrales que puede escoger, aquí hay una lista:
Si éstos no se adaptan a su gusto, no tema porque puede crear su propio mantra. Quizá tiene una palabra o frase favorita que evoque paz y clama en su mente. Experimente con diferentes mantras,

escoja el que le funcione y repítalo constantemente mientras practique la meditación transcendental.

Un instructor de meditación transcendental debe ser un experto para enseñar la práctica efectivamente. Los costos de estos instructores pueden variar basados en la región en la que se enseñe el método. Para muchos, están dispuestos a pagar lo que sea para conocer las herramientas de este tipo de meditación debido a su aplastante éxito. Hay individuos que han tenido bastante éxito eliminando y disminuyendo sus síntomas de estrés y ansiedad sólo con la práctica de este tipo de meditación. Cuando estamos abrumados por el estrés y la ansiedad, por lo general puede tomarnos toda la vida aprender a sobrellevarlo, o quizá nunca aprendamos a hacerlo. Específicamente, si alguien está enfrentando un momento traumático en su vida como la menopausia, desorden de estrés post-traumático, o ansiedad, por lo general están en búsqueda de una salida.Los individuos comienzan a buscar una solución. Algunas mujeres se encuentran completamente abrumadas cuando comienzan a enfrentar los síntomas de la menopausia pero ¡la meditación es una gran solución para estos síntomas! Más específicamente, la meditación transcendental es una forma increíblemente popular de meditación que se ha distinguido por aliviar los síntomas de la menopausia de las mujeres.

Practicar este tipo de meditación en específico puede eliminar la fatiga y eliminar o reducir los cambios de humor que están frecuentemente vinculados a la menopausia.Esta forma de meditación también es buena ya que no sólo elimina los síntomas iniciales que una mujer pudiera enfrentar, sino que también le proporciona una vida más enriquecida, llena de una inmensa cantidad de alegría, lucidez y energía. Cuando nos sentimos mejor con nosotros mismos por dentro, esto definitivamente nos ayuda también con los síntomas que pudiéramos sentir por fuera.La meditación transcendental ayuda a todos los aspectos asociados a la menopausia. Hay muchas otras áreas y dolencias que pueden ser tratadas con este tipo de meditación en específico. Específicamente los aspectos psicológicos de la menopausia y otras dolencias tales como ansiedad, desorden de estrés post-traumático, y TDAH (Trastorno por déficit de atención con hiperactividad) sólo por nombrar algunos.

Cuando alguien está plagado con el dolor y el estrés del desorden de estrés post-traumático, por lo general es un momento increíblemente difícil en su vida. Enfocarse en el interior es el aspecto más importante de este tipo de meditación.Entrenar su forma de pensar es también un aspecto importante.Específicamente, los niños que sufren de TDAH presentan mucha dificultad para concentrarse. Los niños y adultos por lo general se avergüenzan por su inhabilidad para concentrarse en un tema o asunto.A través del tiempo, con la meditación transcendental, esto se puede eliminar.Cuando practique su concentración, esta aumentará. Prácticas de meditación como esta ayudan a entrenar a su cerebro para que se enfoque solamente en lo que tiene frente a usted.Cuando estamos ocupados, por lo general las cosas nos distraen fácilmente, una persona que sufre de TDAH, frecuentemente se consume por distracciones diarias que están fuera de lo normal.Estas distracciones pueden causar bastante estrés y otras emociones negativas.Con la meditación, usted será capaz de enseñarse a sí mismo a enfocarse y alinearse con sus pensamientos y con lo que sucede en su interior.

Cuando se alcanza este punto, las mujeres comienzan a buscar un nuevo significado a sus vidas, en diferentes áreas.Una manera de descubrirlo es a través de la meditación.La meditación obliga al individuo a buscar profundamente en su interior y encontrar su felicidad.Dicho esto, meditar lo lleva por un viaje a través de su alma.Cuando observa el interior, descubre partes de usted mismo que podrían no haber sido visibles antes. Cuando la meditación es hecha correctamente y dos veces al día tal como lo recomiendan la mayoría de los guías espirituales, encontrará autosuficiencia, encontrará un nuevo "yo" que es diferente de lo que usted solía ser. Cuando sepa quién es realmente usted como individuo, entonces será capaz de forjar relaciones más profundas con los demás. Cuando somos más jóvenes, generalmente estamos tan increíblemente ocupados con nuestras vidas, nuestros hijos, forjar nuestras carreras y cuidar de nuestros familiares que perdemos nuestra propia identidad. Esta identidad por lo general se pierde por nuestros ocupados horarios y la aplastante necesidad de cuidar de los demás antes de cuidar de nosotros mismos. La única manera de realmente encontrarnos a nosotros mismos es buscar en nuestro interior y encontrar nuestra alma.

La meditación transcendental trabaja reduciendo los niveles de ansiedad y disminuyendo el estrés. Cuando el cuerpo aprende a liberarse del estrés, en lugar de aferrarse a él, los demás síntomas relacionados con la menopausia, a la larga, comenzarán a disminuir. Practicar esta forma de meditación durante 20 minutos dos veces al día ayuda a disminuir la hormona del estrés, cortisol.Cuando está meditando, se encuentra en un estado de completarelajación, su cuerpo, mente y alma están completamente relajados y así su cuerpo se acostumbra a esto. Cuando sea capaz de disminuir la excesiva cantidad de estrés que tiene, se elevará su humor y entonces también será capaz de dormir mejor.En cuanto a los sofocos, éstos ocurren cuando su cuerpo alcanza un estado de calentamiento excesivo, estos sofocos pueden aumentar la sudoración, su piel puede enrojecerse y estará increíblemente acalorada. Aunque la causa específica de los sofocos es desconocida, lo que sí sabemos es que aprender a mantener la circulación y la hormona del estrés, el cortisol, a niveles bajos, disminuirá la posibilidad de tener sofocos. La menopausia puede ser un momento desafiante para muchas mujeres. Es una época de cambios, pero esos cambios también pueden crear nuevas oportunidades y un nuevo punto de vista y perspectiva de la vida. Con la meditación transcendental, aprenderá a lidiar con el estrés y los síntomas relacionados con la menopausia de una manera saludable que le brindará las herramientas para también eliminar en conjunto el estrés diario.

La meditación transcendental es buena para todos los diferentes tipos de dolencias y problemas. Esta meditación es increíblemente efectiva y con la cantidad adecuada de tiempo y paciencia, certeramente encontrará el éxito con esta. Tomarse el tiempo para practicar diariamente puede hacerlo una persona más exitosa. No sólo será capaz de enfocarse, sino que también tendrá menos estrés en general. Una vez que comience a practicar la meditación transcendental, no querrá vivir una vida sin ésta.

Capítulo 6: Las Diferentes Formas de Meditación

Aunque pueda parecer como si sólo hubiese un tipo o forma de meditación, ese simplemente no es el caso. Por ejemplo, una forma de meditación se enfoca específicamente es aumentar las habilidades de concentración. Concentrarse por lo general es más sencillo decirlo que hacerlo. Es difícil, tanto para niños como para adultos, enfocarse en algunos momentos. Por lo general nos distraemos con otros problemas y asuntos y tenemos dificultad para enfocarnos en asuntos importantes. Tenga en cuenta que durante esta forma de meditación, debe entrenar su mente.

Se debe entrenar a la mente para que se enfoque ya sea en la nada, o en un objeto en específico. El siguiente tipo de meditación es la meditación reflexiva. Esta forma específica de meditación se enfoca en disciplinar la concentración y en las habilidades para pensar. El primer paso con este tipo de meditación es elegir un tema, idea o pregunta y analizarlo por completo.Mientras más practique la meditación reflexiva, menor será la probabilidad de que su mente divague y sentirá más control. Reflexionar sobre cualquier cosa en la vida es necesario. Cuando es capaz de mirar hacia atrás en sus acciones, elecciones y decisiones, puede reflexionar en lo que siente que hizo bien y en aquello en lo que hubiese querido esforzarse más. Las reflexiones, ya sean personales o profesionales, son increíblemente importantes para el éxito.

La auto-reflexión le ayuda a mejorar en sentido general. Cuando reflexiona sobre la vida, sus habilidades de meditación, o cualquier otra cosa, es capaz de corregir áreas que necesitan ser corregidas, así como también de valorarse apropiadamente. Cuando esté meditando y utilice las herramientas de la meditación reflexiva puede pensar en cosas como identificar su verdadero propósito en la vida, puede pensar en quién es como individuo y en diferentes áreas de su vida. Tal vez reflexione en su título profesional o piense en cómo puede ayudar a los demás. En lo que sea que se encuentre reflexionando o pensando, asegúrese de no abrumarse con sus pensamientos. Encuentre una pregunta para enfocarse en ella durante cada sesión.Si se enfoca en demasiadas preguntas, no será capaz de proponer soluciones para los problemas o preguntas que tenga.

La meditación centrada en el corazón o de chakra, es otra forma popular de meditación. Cuando tiene una cantidad abrumadora de miedos o tristeza, la meditación que se enfoca en su corazón puede ser increíblemente poderosa y útil para intentar sobrellevar estos problemas. Este tipo de meditación le ayuda a liberarse de sus tristezas y miedos y dejar entrar nada sino amor, paz y bondad. La meditación del chakradel corazón le ayudará a sanar y a proteger su corazón con el tiempo. El chakra del corazón es increíblemente importante en el mundo de la meditación ya que generalmente este alberga energía negativa. Esta energía negativa por lo general está llena de tristeza y dolor. Cuando medita, esto ayuda a abrir el chakra del corazón y por lo tanto permite que se libere la energía negativa y estoa su vez permite que usted se libere de esos sentimientos dañinos e hirientes. Durante este tipo de meditación, es sabido que es más efectivo cuando piensa en alguien por quien tenga fuertes sentimientos mientras está meditando. Asegúrese de que quien sea en quien piense no le esté causando dolor.Usted querrá enfocarse en alguien positivo para su vida a quien ame y que le importe.Conectar su corazón a esa persona mental y emocionalmente, le ayudará a liberar su corazón de la energía negativa relacionada con los demás.

Conclusión

No pierda otro instante de su tiempo viviendo una vida sin la meditación. Le reto a crear una rutina de meditación, apegarse a ésta y no sentirse como una persona completamente rejuvenecida luego de sólo unos pocos días. No utilizar el arte de la meditación es una completa pérdida de potencial, en mi opinión.La mente es una herramienta poderosa, pero necesitamos estimularla regularmente si queremos que funcione de manera óptima. Sinceramente espero que comience a cosechar los beneficios de la meditación diaria.Espero que haya disfrutado de este libro y le deseo lo mejor es su búsqueda de una vida más pacífica, calmada y plena, llena de momentos fantásticos de meditación profunda.

Honestamente espero que aplique lo que haya aprendido de este libro en su vida diaria. Una cosa es leer acerca de una vida más iluminada, pero es completamente diferente cuando comienza a tomar los pasos necesarios para mejorar su vida.

www.ingramcontent.com/pod-product-compliance
Lightning Source LLC
Chambersburg PA
CBHW072006070526
44583CB00015B/1353